青少年
知识产权基础教育读本

主　编　沈红雷
副主编　杨　静　成　晨

苏州大学出版社
Soochow University Press

图书在版编目(CIP)数据

青少年知识产权基础教育读本／沈红雷主编. —苏州：苏州大学出版社，2019. 11(2023. 7 重印)
ISBN 978-7-5672-2965-5

Ⅰ. ①青… Ⅱ. ①沈… Ⅲ. ①知识产权-中国-中等专业学校-教材 Ⅳ. ①D923. 4

中国版本图书馆 CIP 数据核字(2019)第 252107 号

青少年知识产权基础教育读本
沈红雷 主编
责任编辑 史创新

苏州大学出版社出版发行
(地址：苏州市十梓街 1 号 邮编：215006)
广东虎彩云印刷有限公司印装
(地址：东莞市虎门镇黄村社区厚虎路20号C幢一楼 邮编：523898)

开本 787mm×1 092mm 1/16 印张 9 字数 157 千
2019 年 11 月第 1 版 2023 年 7 月第 2 次印刷
ISBN 978-7-5672-2965-5 定价：30.00 元

苏州大学版图书若有印装错误，本社负责调换
苏州大学出版社营销部 电话：0512-67481020
苏州大学出版社网址 http://www.sudapress.com
苏州大学出版社邮箱 sdcbs@suda.edu.cn

《青少年知识产权基础教育读本》编审委员会

编委会名单

主　任：王乃国

副主任：吕中起　强晏红

委　员：钱梦缘　孙锦全　李友节

吴　旭　梅　琳　章　虹

编写组名单

主　编：沈红雷

副主编：杨　静　成　晨

参　编：朱如松　李政洋　龚　裕

景　鹂

审　定：王乃国　吕中起　强晏红

编者的话

2008 年国务院颁布实施的《国家知识产权战略纲要》提出："加强知识产权宣传，提高全社会知识产权意识。广泛开展知识产权普及型教育。在精神文明创建活动和国家普法教育中增加有关知识产权的内容。在全社会弘扬以创新为荣、剽窃为耻，以诚实守信为荣、假冒欺骗为耻的道德观念，形成尊重知识、崇尚创新、诚信守法的知识产权文化。"

根据《国家知识产权战略纲要》的要求，2017 年，江苏省知识产权局、江苏省教育厅联合开展知识产权教育试点工作，不断推进学校科技创新教育与知识产权教育活动，培养学生的创新精神、知识产权意识以及实践能力，在全省中小学中形成了尊重科学、尊重知识、崇尚创新、保护知识产权的社会风尚和时代理念。

2017 年，苏州工业园区工业技术学校获批第三批全国中小学知识产权教育试点学校。为进一步推进学校知识产权教育试点工作的开展，学校组织具有知识产权教学经验的教师和知识产权实务工作者组成编写组，编写出版《青少年知识产权基础教育读本》(以下简称《读本》)。

《读本》吸纳了近年来各地编写出版的同类教材的有益成果，借鉴了学校知识产权普及教育的经验，注重激发学生的创新意识，培养学生的创新人格，兼顾知识的准确性和表现形式的趣味性，在结构上嵌入了"议一议""想一想""找一找"等环节，并配以相关插图，以适应青少年学生的认知能力和心理特征。

《读本》是集体智慧的结晶。编写工作得到了苏州工业园区工业技术学校校长王乃国、副校长吕中起、副校长强晏红的大力支持；编写组提出课程标准后，学术委员会进行了审核；学校李政洋、杨静、龚裕、景鹂、朱如松老师参加了具体章节的编写工作。在编写中参考了有关著作和研究成果，因篇幅有限，未能一一注明出处，谨向原作者表示衷心感谢。

由于编者水平有限，加上时间仓促，疏漏和不妥之处，敬请领导、专家和师生批评指正。

本课程开发小组

目录

Contents

第一单元　知识产权基本知识

第一课　知识产权的内容与特征

一、知识产权概述

1. 知识产权的概念

知识产权，也叫“知识所属权”，指权利人对其智力劳动成果所享有的财产权利，包括占有、使用、转让和收益等的权利。知识产权是一种特有的财产权利，是一种得到法律确认和受到法律保护的特殊权利，是一种私权。

知识产权是一种无形财产权，其客体是知识产品或者智力成果，是一种看不到摸不着的没有形体的精神财富。同有形财产一样，知识产权拥有其固有的属性和潜在的价值，可以给权利人带来收益，同时也是推动商业和国家经济发展的重要角色。

知识产权的对象是人的心智活动，是人智力的创造，属于“智力成果权”。看看我们周围的一切，无论是计算机、手机、平板电脑等信息产品，汽车、火车、飞机等交通工具，还是冰箱、空调、电视机等电器产品，都是人类智力不断丰富和发展的结晶。无论在何时何地，知识产权常伴我们左右。

想一想

我们周围哪些是人类智力活动的成果？这些属不属于知识产权的范畴呢？

2. 知识产权的主要内容

发明创造点亮人类文明之光。人类不断进步的文明史就是一部创新的历史，人类的一切文明成果都是创新智慧的结晶。在几千年的创新实践中，人类获得了一个又一个创新成果，这些都构成了知识产权的重要内容。知识产权的内容主要分为两类：一类是工业产权，主要包括专利权和商标权；一类是著作权，也称为版权、文学产权。

专利权，包括发明专利权、实用新型权和外观设计权。

商标权，商标是由文字、图形、字母、数字、颜色或其组合而成的标志。

著作权，对象是作品，是具有独创性并能以某种有形形式复制的智力成果。

我们都是知识产权，我们是好朋友

随着科学技术的不断发展和经济技术的不断进步，知识产权保护对象的范围不断扩大，不断涌现出新型的智力成果，除了工业产权和著作权之外，还有生物工程技术、计算机软件、遗传基因技术、植物新品种和地理标志等，这些也是当今世界各国公认的知识产权的重要内容。

商业秘密

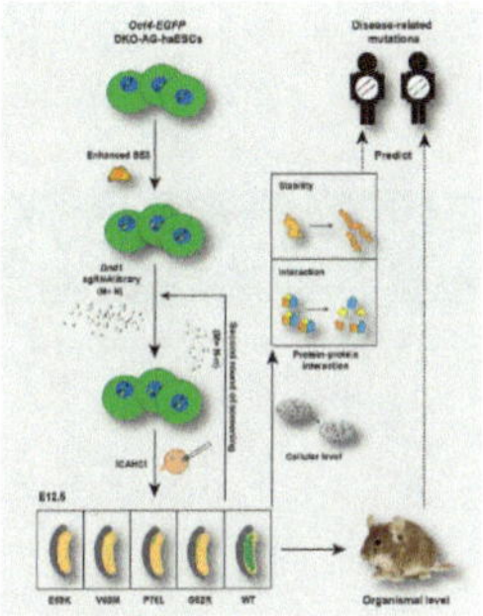
遗传基因技术

植物新品种

找一找

下面哪些属于知识产权？如果是，又属于哪一类别呢？

议一议

通过学习，相信同学们对知识产权的内容已经有所了解，那你们觉得知识产权和我们每一个人有没有关系？知识产权的重要性体现在哪里？

二、知识产权的主要特征

1. 知识产权的无形性

知识产权是一种无形财产或者是一种没有形体的精神财富，是创造性的智力劳动所创造的劳动成果。无形性是知识产权和有形财产权的根本区别所在。有形财产权的标的物是有形物本身，是对某种看得见的有形物的占有，如学生对书本的占有；知识产权的标的物是某种权利，是无形的。无形性是知识产权最基本的特征，其他特征都是在此基础上形成的。

2. 知识产权的专有性

知识产权的专有性又叫独占性和排他性。知识产权为权利人所独占，除了得到权利人的许可或者法律另外有规定之外，其他任何人都不能占有或者使用这项权利。对于一项智力成果，国家所授予的某一个知识产权应该是唯一的。

3. 知识产权的地域性

知识产权的地域性是知识产权最基本的性质之一。一项智力成果能否取得知识产权保护，依照各国相关法律的不同而存在差异，在这个国家可以取得知识产权保护的智

力成果，在其他国家未必能取得知识产权的保护。例如专利权，在中国申请就只在中国国内发生法律效力，若想在日本获得保护，就要在日本申请或注册。

4. 知识产权的时间性

知识产权有法定的保护期限，超过保护期限则权利终止。有形财产权的有效期限以其标的物的存在为前提，法律一般不能规定它的有效期限，知识产权的有效期限是法定的。需要注意的是，知识产权的失效，并不意味着其原来所保护的客体内容失去了使用价值。

想一想

同学们，如果你向国家知识产权局递交了专利申请并且审核通过，获得专利保护，你希望你的专利保护期限是多长时间？为什么各国法律要对知识产权保护设置一个期限而不是永久保护呢？

第二课　知识产权的产生与发展

一、知识产权的产生

从总体上讲，知识产权作为一种新型的财产形态，是商品经济和科学技术发展到一定阶段的产物。知识产权是社会生产力发展到一定阶段后，才在法律中作为一种财产权出现的。

1. 第一部专利法的产生

为了保护技术和产品发明人的权益并吸引更多掌握先进技术的人才涌入，意大利的著名城市威尼斯在500多年前的1474年颁布了世界上第一部专利法。该法规规定，权利人对其发明能够享有十年的垄断所有权，任何人未经得该权利人的同意都不得仿造与受保护的发明创造相同的设施；否则，将赔偿百枚金币，并且销毁所有仿造设施。这部法律确立了专利制度的基本原则并且其影响一直延续至今。

2. 专利制度的出现

随着科学技术的进步和产业革命的发展，对知识产品的占有、使用会获得极大的经济收益已逐渐成为人们的共识。然而，技术的转移和公开势必会使原先的发明创造者失去竞争优势，这就需要建立一种机制，以确保既能维持技术发明人的技术优势，又能满足社会对该技术的需要，防止技术垄断。于是，知识产权制度中的专利制度率先应运而生。

3. 第一部专利法的颁布

16 世纪以后，英国早期的资产阶级为了追求财富和保持国家的繁荣昌盛，在全国范围内鼓励发明创造，于 1624 年颁布《垄断法案》，这是世界上第一部具有现代意义的专利法。18 世纪 60 年代在英国开始的产业革命，是专利制度产生的催化剂。18 世纪末至 19 世纪初，美国和欧洲大陆各国相继开始实行专利制度。

4. 著作权法的确立

在专利制度确立的同时，著作权制度也孕育而生。印刷技术和人类造纸技术为现代著作权制度奠定了基石，英国的《安妮女王法令》被公认为是著作权法的鼻祖。

5. 商标权的确立

对商标的保护制度最早起源于法国。法国于 1803 年在《关于工厂、制造场和作坊的法律》中将假冒商标按私造文书罪处罚，确立了对商标权的法律保护。

想一想

王老吉商标和加多宝商标是不是一家？大家是否了解这两个商标品牌的故事？有什么法律可以对两个品牌的商标进行界定和保护？

迄今为止，经过数百年的洗礼，知识产权制度已成为国际上通行的保护智力成果和工商业信誉的法律制度。

二、知识产权的发展

1. 知识产权的历史发展阶段

知识产权制度在世界上有着悠久的历史，其历史发展大体上可以分为五个阶段：

（1）初创和普遍建立阶段（15 世纪至 19 世纪中后期）

在这个阶段，世界上第一部专利法、版权法和商标法相继诞生，如威尼斯共和国的《专利法》（1474 年）、英国的《版权法》（《安妮女王法令》，1710 年）、法国的《商标法》（1857 年）等。

19 世纪中后期，各国逐渐认识到知识产权在促进本国经济、文化发展和科学技术进步方面的重要作用，纷纷通过知识产权立法的形式保护知识产权，鼓励发明创造。这堪称知识产权制度上的一次飞跃。

（2）进一步发展阶段（19 世纪末至 20 世纪末）

知识产权保护从 19 世纪末进入国际保护阶段，一直延续至今。知识产权制度在这一阶段呈现出逐步国际化、现代化的特点。国际性的知识产权制度逐步增多，知识产权的种类不断增加。

想一想

知识产权制度从19世纪末开始呈现国际化的特点，其中1883年签订的《巴黎公约》和1886年签订的《伯尔尼公约》成为知识产权领域国际保护制度的基本法律框架。1970年，世界知识产权组织（WIPO）成立，至此，各国的知识产权制度登上一个新的台阶。除了这些以外，同学们还知道哪些国际性的知识产权制度和组织？

20世纪后期，社会主义国家开始重视知识产权的保护。苏联和东欧国家开始制定自己国家的专利法、版权法和商标法等。从20世纪80年代起，我国也开始制定知识产权相关法律制度，加入了世界知识产权制度国家的行列。当然，社会主义国家及发展中国家与资本主义国家的知识产权制度在许多方面还存在着一定的差异。

（3）开始重视国际贸易中的知识产权保护阶段（20世纪末至今）

随着经济全球化时代的到来，同时伴随着科学技术的发展，国际贸易中的技术含量、商品知识不断增加，各国尤其是发达国家为了占领和保持市场优势地位，开始重视国际贸易中的知识产权保护问题。知识产权制度进入与贸易相挂钩的阶段。

2. 我国知识产权的发展

改革开放之初，中国政府着眼经济社会发展和对外开放大局，及时做出了建立现代知识产权制度的决策部署，1980年3月3日，向世界知识产权组织递交加入申请书，6月3日，中国成为该组织正式成员，并相继颁布了专利法、著作权法和商标法等一系列知识产权主干法律。

经过近40年的发展，中国不仅建立了门类较为齐全并符合国际通行规则的知识产权法律制度，而且在知识产权创造、保护、管理和运用等各个方面也都取得了举世公认的巨大成就，成为名副其实的知识产权大国。

开讲啦

我国知识产权发展的步伐

1. 1982 年 8 月 23 日，制定《中华人民共和国商标法》，1983 年 3 月 1 日施行，后经两次修订。2002 年 8 月 3 日《中华人民共和国商标法实施条例》公布，2002 年 9 月 15 日施行。

2. 1984 年 3 月 12 日制定《中华人民共和国专利法》，1985 年 4 月 1 日施行，后经先后三次修订。2001 年 6 月 15 日《中华人民共和国专利法实施细则》公布，2002 年 9 月 15 日施行。

3. 1985 年 3 月 19 日，加入《保护知识产权巴黎公约》。

4. 1989 年 10 月 4 日，加入《商标国际注册马德里协定》。

5. 2002 年 2 月 4 日，《奥林匹克标志保护条例》公布，2002 年 4 月 1 日施行。

6. 2004 年 12 月 28 日，《著作权集体管理条例》公布，2005 年 3 月 1 日施行。

7. 2005 年 4 月 30 日，《互联网著作权行政保护办法》公布，2005 年 5 月 30 日施行。

第三课　知识产权制度的主要作用

知识产权制度是智力成果，是所有人在一定的期限内依法对其智力成果享有独占权，并受到保护的法律制度。没有权利人的许可，任何人都不得擅自使用其智力成果。

我国知识产权制度在促进创新和经济社会发展等方面发挥了重要作用。具体而言，主要体现在三个方面。

一是鼓励发明创造，推动我国创新能力的提高。知识产权制度的建立，极大地激发了人们的创新创造热情。这些年，我国在核能、高铁、航空航天、新一代移动通信等领域研发掌握了一批自主知识产权关键技术，有力地促进了国家的经济社会发展。

二是为引进国外先进技术创造了良好的环境。改革开放以来，我国之所以能够大量并成功地引进外资和先进技术，在很大程度上是由于我们建立并实施了知识产权制度，为外商提供了良好的法律保护环境。目前，我国已经成为世界上第三大外国投资接受国。

三是大大推动了创新成果的产业化。知识产权制度自其诞生之日起，就把实现和保护创新成果的产业化和商品化作为其根本出发点，正是因为知识产权制度的保驾护航，我国才出现了像海尔、华为、好孩子等这样一批拥有大批专利和较强国际竞争力的企业。

日益完善的知识产权法律环境吸引着越来越多的国外企业到我国进行投资。知识产权制度的建立与完善，有力地促进了我国的经济社会发展。在经济全球化不断深入的今天，知识产权制度在促进开放、激励创新方面的重要作用更加凸显，地位更加突出。

议一议

【背景资料】

美国商务部4月16日宣布，未来7年将禁止美国公司向中兴通讯销售零部件、商品、软件和技术。禁售理由是中兴违反了美国限制向伊朗出售美国技术的制裁条款。业界估计这一宣布申明给中兴集团至少造成5000亿元的损失。

班级同学分组进行讨论，小组成员合理分工，共同搜集这个案件的相关资料，分析为什么美国商务部的一纸声明，会给中兴集团造成如此巨大的损失。

第二单元　发明创造与专利

第一课　专利制度的基本内容

一、中国专利制度的主要特点

1. 先申请原则

申请专利的原则有两个：一个是先发明原则，另一个是先申请原则。先发明原则是指几个人就同一发明创造向专利行政部门申请专利，专利行政部门将专利权授予最先完成发明创造的人。我国采用先申请原则。根据《专利法》第九条规定，同样的发明创造只能授予一项专利权。两个以上的申请人分别就同样的发明创造申请专利的，专利权授予最先申请的人。

2. 三种专利类型

我国现行《专利法》明确规定，受其保护的中国专利类型包括“发明专利、实用新型专利以及外观设计专利”三种类型。其中，发明专利和实用新型专利主要保护新的技术方案，外观设计专利主要保护新的设计。

（1）发明专利

根据《专利法》第二条第二款的规定，专利法所称的发明是指对产品、方法或者其改进所提出的新的技术方案。从这一概念角度出发，我们可以知道发明专利保护的对象涵盖了“产品”“工艺方法”以及“对产品和工艺方法提出的改进型的技术方案”。也就是说，发明专利对于产品的保护不限于产品的尺寸大小，如汽车用马达产品以及分子马达产品等；不限于是否属于终端产品、零部件产品，如汽车用马达产品以及汽车用马达子产品等；不限于是定形产品还是无定形产品，如玻璃瓶产品以及玻璃材料产品等。也就是说，只要是符合公理并且客观存在的产品新技术都可以被纳入发明专利对于产品的保护范围。同时，发明专利对于工艺方法的保护，同样不限于该工艺方法是否属于对一个产品整个生产加工阶段的整体创新，如对玻璃瓶吹制工艺的改进以及玻璃瓶吹制工艺中退火工艺的改进。其保护对象涵盖较广，保护期限为 20 年。授予发明专利前需要进行实质审查，审查时间较长，费用也相对较高。相对而言，经过实质审查的发明专利有较好的法律稳定性，有较高的创造性和商业价值。

（2）实用新型专利

根据《专利法》第二条第三款的规定，专利法所称的实用新型，是指对产品的形状、构造或者其结合所提出的适于实用的新的技术方案。也就是说，与发明专利所保护的产品不同的是，实用新型专利所保护的产品必须是一种具有一定的形状并且占据一定的空间的实体产品，这种产品也是可以通过特定的工业方法大规模制备获得的。既然这种产品是具有特定的形状并且占据特定的空间的实体产品，那么该产品的各个部件组成之间必然具有相对稳定或者固定的连接关系，这种连接关系就某一特定的产品而言是固定且唯一的，则这种连接关系也同样属于实用新型专利所要保护并用于限定该产品的范畴。授予实用新型专利只需要进行形式审查，手续比较简单，费用较低。实用新型专利保护期限为 10 年。

（3）**外观设计**

根据《专利法》第二条第四款的规定，专利法所称的外观设计，是指对产品的形状、图案或者其结合以及色彩与形状、图案的结合所作出的富有美感并适于工业应用的新设计。通过这个概念就可以知道，外观设计针对的并非是产品或者实现该产品的技术方法本身，而是产品的外在表现——产品通过其外在而直接向消费者视觉呈现的具有美感的艺术性设计。需要注意的是，这里的产品也必须是可以通过工业化生产获得的。如家用电器的外形、汽车外观、床单的花样、手机外壳、各种商品的包装盒等。外观设计专利保护期限为 10 年，保护的重点是产品的装饰性或艺术性外表设计，这种设计可以是平面图案，也可以是立体造型，更常见的是二者的结合。

以上三种专利类型的不同之处见表 2-1。

表 2-1　专利—技术类型对照表

专利类型	客体所属技术类型	表现载体
发明专利	产品、方法及其技术改进	产品、工艺方法
实用新型专利	产品	占据一定空间的宏观产品
外观设计专利	产品的外观	产品的具有美感的外在表现

3. 专利的特点

（1）独占性

独占性亦称垄断性或专有性。专利权是由政府主管部门根据发明人或申请人的申请，认为其发明成果符合专利法规定的条件，而授予申请人或其合法受让人的一种专有权。它专属权利人所有，专利权人对其权利的客体（即发明创造）享有占有、使用、收益和处分的权利。

（2）地域性

地域性就是对专利权的空间限制。它是指一个国家或一个地区授予和保护的专利权仅在该国或该地区的范围内有效，对其他国家和地区不发生法律效力，其专利权是不被确认与保护的。如果专利权人希望在其他国家或地区享有专利权，那么，必须依照其他国家或地区的法律另行提出专利申请。除非加入国际条约及双边协定另有规定之外，任何国家或地区都不承认其他国家或地区或国际性知识产权机构所授予的专利权。

（3）时间性

专利权的时间性即指专利权具有一定的时间限制，也就是法律规定的保护期限。各国的专利法对于专利权的有效保护期均有各自的规定，而且计算保护期限的起始时间也各不相同。我国《专利法》第四十二条规定，发明专利权的期限为 20 年，实用新型和外观设计专利权的期限为 10 年，均自申请日起计算。

4. 三种专利的审查制度

我国的专利审查制度包括初步审查制和实质审查制。对发明专利实行实质审查制，而对实用新型专利和外观设计专利实行初步审查制。

专利初步审查也称为“形式审查”或“格式审查”，是国务院专利行政部门对发明、实用新型和外观设计专利申请是否具备形式条件进行的审查。初步审查的主要目的，是查明申请专利的发明是否符合《专利法》关于形式要求的规定，为以后的公开和实质审查做准备；查明申请专利的实用新型和外观设计是否符合《专利法》关于授予专利权的规定，对符合授权条件的实用新型和外观设计依法授予专利权。

专利实质审查是指专利局在对申请案进行审查时，不仅要对申请案的形式要件进行审查，还要对申请案中的发明创造是否符合新颖性、创造性和实用性等实质性要件进行审查，对发明是否具备授予专利权的条件进行审查。

5. 行政保护与司法保护双轨制

自我国 1984 年确立了专利权行政保护和司法保护并行的方式开始，这样的双轨制模式一直沿用至今。专利权的行政保护，是指国家专利行政机关按照相关法律程序，运用行政权力调解专利权归属纠纷和查处专利违法行为、维护专利权人合法权益的制度。专利权司法保护，是指专利权人因专利权受到侵害而向法院提起诉讼，以及当事人对专利复审机构的决定不服向法院提起行政诉讼，寻求司法救济的法律保护制度。

二、申请专利的权利和专利权的归属

1. 相关概念

（1）发明人或设计人的概念

《中华人民共和国专利法实施细则》（以下简称《专利法实施细则》）第十三条规定，专利法所称发明人或者设计人，是指对发明创造的实质性特点做出创造性贡献的人。发明人和设计人皆为自然人。在完成发明创造的过程中，只负责组织工作的人、为物质技术条件的利用提供方便的人或者从事其他辅助工作的人，不是发明人或者设计人。

（2）申请人的概念

专利申请人是向专利局提出就某一发明或设计取得专利请求的当事人。各国均规定，并非任何人都可向专利局提出专利申请。我国《专利法》规定，专利申请人应具备两个条件：一是具有专利权利能力的公民或法人；二是具有专利申请的申请权。享有申请权的民事主体一旦向专利局提出专利申请后，便在专利申请和审查阶段享受权利并承担义务，并有可能在将来成为专利权人。我国《专利法》第十八条规定："在中国没有经常居所或者营业所的外国人、外国企业或者外国其他组织在中国申请专利的，依照其所属国同中国签订的协议或者共同参加的国际条约，或者依照互惠原则，根据本法办理。"

根据《专利法》第十九条的规定，在中国没有经常居所或者营业所的外国人、外国企业或者外国其他组织在中国申请专利和办理其他专利事务的，应当委托依法设立的专利代理机构办理。中国单位或者个人在国内申请专利和办理其他专利事务的，可以委托依法设立的专利代理机构办理。

专利代理机构应当遵守法律、行政法规，按照被代理人的委托办理专利申请或者其他专利事务；对被代理人发明创造的内容，除专利申请已经公布或者公告的以外，负有保密责任。专利代理机构的具体管理办法由国务院规定。

（3）专利权人的概念

专利权人是享有专利权的主体。专利权人包括专利权所有人和持有人，前者可以是公民、集体所有制单位、外资企业、中外合资企业，后者是全民所有制单位。专利权人又包括原始取得专利权的原始主体和继受取得专利权的继受主体。专利权人享有法律所赋予的权利和承担法律所规定的义务。专利权人包括三种类型：

① 发明人、设计人所在的单位。企事业单位、社会团体、国家机关的工作人员执行本单位的任务或者主要是利用本单位物质条件所完成的职务发明创造，申请专利的权利属于该单位。

② 发明人、设计人。发明人或者设计人所完成的非职务发明创造，申请专利的权利属于发明人或者设计人所有。专利法所称发明人或者设计人，是指对发明创造的实质性特点做出创造性贡献的人。在完成发明创造的过程中，只负责组织工作的人、为物质技术条件的利用提供方便的人或者从事其他辅助工作的人，不是发明人或者设计人。

③ 共同发明人、设计人。由两个或者两个以上的人共同完成的非职务发明，申请专利的权利由共同发明人共同提出，专利申请被批准后，专利权属于共同发明人。对于两个或两个以上单位协作或者一个单位接受其他单位委托的研究、设计任务所完成的职务发明创造，申请专利的权利属于完成或共同完成发明、设计任务的单位，申请被批准后，专利权归申请单位所有或持有。

（4）共有权利的行使

根据《专利法》第十五条的规定，专利申请权或者专利权的共有人对权利的行使有约定的，从其约定。没有约定的，共有人可以单独实施或者以普通许可方式许可他人实施该专利；许可他人实施该专利的，收取的使用费应当在共有人之间分配。行使共有的专利申请权或者专利权应当取得全体共有人的同意。

2. 权利的归属

（1）职务发明创造

根据《专利法》第六条的规定，职务发明创造是指发明人或设计人执行本单位的任务或者主要是利用本单位的物质技术条件完成的发明创造。职务发明创造申请专利的权利属于该单位；申请被批准后，该单位为专利权人。利用本单位的物质技术条件完成的发明创造，单位与发明人或者设计人签订有合同，对申请专利的权利和专利权的归属做出约定的，从其约定。

根据《专利法实施细则》第十二条的规定，《专利法》第六条所称执行本单位的任务完成的职务发明创造，是指：①在本职工作中做出的发明创造；②履行本单位交付的本职工作之外的任务所做出的发明创造；③退休、调离原单位后或者劳动、人事关系终止后一年内做出的，与其在原单位承担的本职工作或者原单位分配的任务有关的发明创造。《专利法》第六条所称本单位，包括临时工作单位；专利法第六条所称本单位的物质技术条件，是指本单位的资金、设备、零部件、原材料或者不对外公开的技术资料等。

被授予专利权的单位可以与发明人、设计人约定奖励的方式和数额，也可依照《专利法》第十六条规定的奖励、报酬方式和数额。企业、事业单位给予发明人或者设计人的奖励、报酬，按照国家有关财务、会计制度的规定进行处理。

被授予专利权的单位未与发明人、设计人约定奖励的方式和数额的，应当自专利权公告之日起三个月内发给发明人或者设计人奖金。一项发明专利的奖金最低不少于3000元；一项实用新型专利或者外观设计专利的奖金最低不少于1000元。

由于发明人或者设计人的建议被其所属单位采纳而完成的发明创造，被授予专利权的单位应当从优发给奖金。被授予专利权的单位未与发明人、设计人约定，也未在其依法制定的规章制度中规定《专利法》第十六条规定的报酬方式和数额的，在专利权有效期限内，实施发明创造专利后，每年应当从实施该项发明或者实用新型专利的营业利润中提取不低于2%或者从实施该项外观设计专利的营业利润中提取不低于0.2%，作为报酬给予发明人或者设计人，或者参照上述比例，给予发明人或者设计人一次性报酬；被授予专利权的单位许可其他单位或者个人实施其专利的，应当从收取的使用费中提取不低于10%，作为报酬给予发明人或者设计人。

另外，非职务发明创造，申请专利的权利属于发明人或者设计人；申请被批准后，该发明人或者设计人为专利权人。

（2）合作开发完成的发明创造

合作开发完成的发明创造，是指两个或两个以上的单位或者个人互相配合，共同进行研究和开发形成的发明创造。根据《专利法》的相关规定，对于合作完成的发明创造，其申请专利的权利归属分为两个方面：

当事人有约定的从其约定，也就是当事人对申请专利的权利做出事先约定的，就依照约定来执行。申请被批准后，约定的申请单位或者个人为专利权人。

当事人没有约定的，申请专利的权利属于完成或者共同完成的单位或个人。申请被批准后，申请单位或者个人为专利权人。

此外，根据《合同法》第三百四十条的规定，合作开发完成的发明创造，除当事人另有约定的以外，申请专利的权利属于合作开发的当事人共有。当事人一方转让其共有的专利申请权的，其他各方享有以同等条件优先受让的权利。合作开发的当事人一方声明放弃其共有的专利申请权的，可以由另一方单独申请或者由其他各方共同申请。申请人取得专利权的，放弃专利申请权的一方可以免费实施该专利。合作开发的当事人一方不同意申请专利的，另一方或者其他各方不得申请专利。

（3）委托开发完成的发明创造

《专利法》第八条规定，两个以上单位或者个人合作完成的发明创造、一个单位或者个人接受其他单位或者个人委托所完成的发明创造，除另有协议的以外，申请专利的权利属于完成或者共同完成的单位或者个人；申请被批准后，申请单位或者个人为专利权人。

三、授予专利权的实质条件

1. 专利保护的对象和主体

我们知道，“法无禁止即可为，法无授权不可为”，因此，在判断发明创造是否属于专利法的保护范畴时，只需要知道技术是否属于“专利法明令禁止的范畴”即可，也就是只要技术不在专利法禁止授予专利权的范围内，就可以获得专利法的保护。

那么专利法明确禁止授予专利权的范围有哪些呢？专利法从公共利益和社会公德以及科学发现两个层面分别规定了禁止授予专利权的情形。

《专利法》第五条从社会公德和道德层面规定，“对违反法律、社会公德或者妨害公共利益的发明创造，不授予专利权。对违反法律、行政法规的规定获取或者利用遗传资源，并依赖该遗传资源完成的发明创造，不授予专利权”。

我们知道保护发明创造的目的是维护国家、集体和个人的合法权益，并推动科技的发展与进步，因此，违反国家法律法规、社会公德和妨害公共利益的发明创造是不被授予专利权的。

发明创造违反国家法律法规是指一项发明创造的对象本身为我国法律明文禁止或者与我国法律相违背。例如，赌博、吸毒制毒、伪造公章票据等是我国法律明文禁止的，故而赌博专用设备、吸毒制毒专用设备、伪造公章票据的专用设备以及用相关专用设备生产的赌具、毒品及吸毒器具、票据等都属于违反国家法律的发明创造，不能被授予专利权。

妨害公共利益的发明创造指发明创造的实施或者使用会给公众或者社会造成危害或者影响正常的社会秩序的。例如，发明创造实施会污染环境，损害资源，危害社会公众的财产人身安全等，则不能被授予专利权。而如果仅仅其滥用会妨害公共利益的，则可以被授予专利，如药物的可控的可以为社会公众接受的副作用、放射性治疗探测设备的放射性等不能作为不授予专利权的理由。

不授予专利权的事项

《专利法》第二十五条规定，科学发现，智力活动的规则和方法，疾病的诊断和治疗方法，动物和植物品种，用原子核变换方法获得的物质，对平面印刷品的图案、色彩或者二者的结合做出的主要起标识作用的设计以及单纯的软件，均属于不授专利权的范畴。

2. 发明和实用新型专利申请的授权条件

根据《专利法》第二十二条第一款的规定，授予专利权的发明和实用新型，应当具备新颖性、创造性和实用性。

（1）现有技术

根据《专利法》第二十二条，现有技术是指申请日以前在国内外为公众所知的技术。现有技术包括在申请日（有优先权的，指优先权日）以前在国内外出版物上公开发表、在国内外公开使用或者以其他方式为公众所知的技术。

现有技术应当是在申请日以前公众能够得知的技术内容。换句话说，现有技术应当在申请日以前处于能够为公众获得的状态，并包含有能够使公众从中得知实质性技术知识的内容。应当注意，处于保密状态的技术内容不属于现有技术。所谓保密状态，不仅包括受保密规定或协议约束的情形，还包括社会观念或者商业习惯上被认为应当承担保密义务的情形，即默契保密的情形。然而，如果负有保密义务的人违反规定、协议或者默契泄露秘密，导致技术内容公开，使公众能够得知这些技术，这些技术也就构成了现有技术的一部分。

现有技术的时间界限是申请日，享有优先权的，则指优先权日。从广义上说，申请日以前公开的技术内容都属于现有技术，但申请日当天公开的技术内容不包括在现有技术范围内。现有技术公开方式包括出版物公开、使用公开和以其他方式公开三种，均无地域限制。

专利法意义上的出版物是指记载有技术或设计内容的独立存在的传播载体，并且应当表明或者有其他证据证明其公开发表或出版的时间。

符合上述含义的出版物可以是各种印刷的、打字的纸件，例如专利文献、科技杂志、科技书籍、学术论文、专业文献、教科书、技术手册、正式公布的会议记录或者技术报告、报纸、产品样本、产品目录、广告宣传册等，也可以是用电、光、磁、照相等方法制成的视听资料，例如缩微胶片、影片、照相底片、录像带、磁带、唱片、光盘等，还可以是以其他形式存在的资料，例如存在于互联网或其他在线数据库中的资料等。

出版物不受地理位置、语言或者获得方式的限制，也不受年代的限制。出版物的出版发行量多少、是否有人阅读过、申请人是否知道是无关紧要的。

印有“内部资料”“内部发行”等字样的出版物，确系在特定范围内发行并要求保密的，不属于公开出版物。出版物的印刷日视为公开日，有其他证据证明其公开日的除外。印刷日只写明年月或者年份的，以所写月份的最后一日或者所写年份的12月31日为公开日。审查员认为出版物的公开日期存在疑义的，可以要求该出版物的提交人提出证明。

使用公开是指由于使用而导致技术方案的公开，或者导致技术方案处于公众可以得知的状态。使用公开的方式包括能够使公众得知其技术内容的制造、使用、销售、进口、交换、馈赠、演示、展出等方式。只要通过上述方式使有关技术内容处于公众想得知就能够得知的状态，就构成使用公开，而不取决于是否有公众得知。但是，未给出任何有关技术内容的说明，以致所属技术领域的技术人员无法得知其结构和功能或材料成分的产品展示，不属于使用公开。

如果使用公开的是一种产品，即使所使用的产品或者装置需要经过破坏才能够得知其结构和功能，也仍然属于使用公开。此外，使用公开还包括放置在展台上、橱窗内的公众可以阅读的信息资料及直观资料，例如招贴画、图纸、照片、样本、样品等。

使用公开以公众能够得知该产品或者方法之日为公开日。

以其他方式公开是指为公众所知的其他方式，主要是指口头公开等，如口头交谈、报告、讨论会发言、广播、电视、电影等能够使公众得知技术内容的方式。口头交谈、报告、讨论会发言以其发生之日为公开日。公众可接收的广播、电视或电影的报道，以其播放日为公开日。

（2）新颖性

① 新颖性的概念。根据《专利法》第二十二条的规定，新颖性是指该发明或者实用新型不属于现有技术；也没有任何单位或者个人就同样的发明或者实用新型在申请日以前向国务院专利行政部门提出过申请，并记载在申请日以后公布的专利申请文件或者公告的专利文件中。

② 抵触申请。为描述简便，在判断新颖性时，将损害新颖性的专利申请，称为抵触申请。审查员在检索时应当注意，确定是否存在抵触申请，不仅要查阅在先专利或专利申请的权利要求书，而且要查阅其说明书（包括附图），应当以其全文内容为准。

抵触申请还包括满足以下条件的进入了中国国家阶段的国际专利申请，即申请日以前由任何单位或者个人提出，并在申请日之后（含申请日）由专利局做出公布或公告的且为同样的发明或者实用新型的国际专利申请。

另外，抵触申请仅指在申请日以前提出的，不包含在申请日提出的同样的发明或者实用新型专利申请。

③ 判断新颖性的原则和基准。

判断原则

根据《专利审查指南》所述，审查新颖性时，应当根据以下原则进行判断：

同样的发明或者实用新型。

被审查的发明或者实用新型专利申请与现有技术或者申请日前由任何单位或者个人向专利局提出申请并在申请日后（含申请日）公布或公告的（以下简称申请在先公布或公告在后的）发明或者实用新型的相关内容相比，如果其技术领域、所解决的技术问题、技术方案和预期效果实质上相同，则认为两者为同样的发明或者实用新型。需要注意的是，在进行新颖性判断时，审查员首先应当判断被审查专利申请的技术方案与对比文件的技术方案是否实质上相同，如果专利申请与对比文件公开的内容相比，其权利要求所限定的技术方案与对比文件公开的技术方案实质上相同，所属技术领域的技术人员根据两者的技术方案可以确定两者能够适用于相同的技术领域，解决相同的技术问题，并具有相同的预期效果，则认为两者为同样的发明或者实用新型。

单独对比。

判断新颖性时，应当将发明或者实用新型专利申请的各项权利要求分别与每一项现有技术或申请在先公布或公告在后的发明或实用新型的相关技术内容单独地进行比较，不得将其与几项现有技术或者申请在先公布或公告在后的发明或者实用新型内容的组合，或者与一份对比文件中的多项技术方案的组合进行对比，即判断发明或者实用新型专利申请的新颖性适用单独对比的原则。

判断基准

判断发明或者实用新型有无新颖性，应当以《专利法》第二十二条第二款为基准。为了有助于掌握该基准，下面给出新颖性判断中几种常见的情形：

第一，相同内容的发明或者实用新型。

如果要求保护的发明或者实用新型与对比文件所公开的技术内容完全相同，或者仅仅是简单的文字变换，则该发明或者实用新型不具备新颖性。另外，上述相同的内容应该理解为包括可以从对比文件中直接地、毫无疑义地确定的技术内容。例如，一件发明专利申请的权利要求是“一种电机转子铁心，所述铁心由钕铁硼永磁合金制成，所述钕铁硼永磁合金具有四方晶体结构并且主相是 Nd2Fe14B 金属间化合物”，如果对比文件公开了“采用钕铁硼磁体制成的电机转子铁心”，就能够使上述权利要求丧失新颖性，因为该领域的技术人员熟知所谓的“钕铁硼磁体”即指主相是 Nd2Fe14B 金属间化合物的钕铁硼永磁合金，并且具有四方晶体结构。

第二，具体（下位）概念与一般（上位）概念。

如果要求保护的发明或者实用新型与对比文件相比，其区别仅在于前者采用一般（上位）概念，而后者采用具体（下位）概念限定同类性质的技术特征，则具体（下位）概念的公开使采用一般（上位）概念限定的发明或者实用新型丧失新颖性。例如，对比文件公开某产品是“用铜制成的”，就使“用金属制成的”同一产品的发明或者实用新型丧失新颖性。但是，该铜制品的公开并不使铜之外的其他具体金属制成的同一产品的发明或者实用新型丧失新颖性。

反之，一般（上位）概念的公开并不影响采用具体（下位）概念限定的发明或者实用新型的新颖性。例如，对比文件公开的某产品是“用金属制成的”，并不能使“用铜制成的”一产品的发明或者实用新型丧失新颖性。又如，要求保护的发明或者实用新型与对比文件的区别仅在于发明或者实用新型中选用了“氯”来代替对比文件中的“卤素”或者另一种具体的卤素“氟”，则对比文件中“卤素”的公开或者“氟”的公开并不导致用氯对其作限定的发明或者实用新型丧失新颖性。

第三，惯用手段的直接置换。

如果要求保护的发明或者实用新型与对比文件的区别仅仅是所属技术领域的惯用手段的直接置换，则该发明或者实用新型不具备新颖性。例如，对比文件公开了采用螺钉固定的装置，而要求保护的发明或者实用新型仅将该装置的螺钉固定方式改换为螺栓固定方式，则该发明或者实用新型不具备新颖性。

第四，数值和数值范围。

如果要求保护的发明或者实用新型中存在以数值或者连续变化的数值范围限定的技术特征，例如部件的尺寸、温度、压力以及组合物的组分含量，而其余技术特征与对比文件相同，则其新颖性的判断应当依照以下各项规定。

A. 对比文件公开的数值或者数值范围落在上述限定的技术特征的数值范围内，将破坏要求保护的发明或者实用新型的新颖性。

专利申请的权利要求为一种铜基形状记忆合金，包含10%～35%（重量）的锌和2%～8%（重量）的铝，余量为铜。如果对比文件公开了包含20%（重量）锌和5%（重量）铝的铜基形状记忆合金，则上述对比文件破坏该权利要求的新颖性。

专利申请的权利要求为一种热处理台车窑炉，其拱衬厚度为100～400毫米。如果对比文件公开了拱衬厚度为180～250毫米的热处理台车窑炉，则该对比文件破坏该权利要求的新颖性。

B. 对比文件公开的数值范围与上述限定的技术特征的数值范围部分重叠或者有一个共同的端点，将破坏要求保护的发明或者实用新型的新颖性。

专利申请的权利要求为一种氮化硅陶瓷的生产方法，其烧成时间为1～10小时。如果对比文件公开的氮化硅陶瓷的生产方法中的烧成时间为4～12小时，由于烧成时间在4～10小时的范围内重叠，则该对比文件破坏该权利要求的新颖性。

专利申请的权利要求为一种等离子喷涂方法，喷涂时的喷枪功率为20～50千瓦。如果对比文件公开了喷枪功率为50～80千瓦的等离子喷涂方法，因为具有共同的端点50千瓦，则该对比文件破坏该权利要求的新颖性。

C. 对比文件公开的数值范围的两个端点将破坏上述限定的技术特征为离散数值并且具有该两端点中任一个的发明或者实用新型的新颖性，但不破坏上述限定的技术特征为该两端点之间任一数值的发明或者实用新型的新颖性。

专利申请的权利要求为一种二氧化钛光催化剂的制备方法，其干燥温度为40摄氏度、58摄氏度、75摄氏度或者100摄氏度。如果对比文件公开了干燥温度为40～100摄氏度的二氧化钛光催化剂的制备方法，则该对比文件破坏干燥温度分别为40摄氏度和100摄氏度时权利要求的新颖性，但不破坏干燥温度分别为58摄氏度和75摄氏度时权利要求的新颖性。

D. 上述限定的技术特征的数值或者数值范围落在对比文件公开的数值范围内，并且与对比文件公开的数值范围没有共同的端点，则对比文件不破坏要求保护的发明或者实用新型的新颖性。

专利申请的权利要求为一种内燃机用活塞环，其活塞环的圆环直径为95毫米。如果对比文件公开了圆环直径为70～105毫米的内燃机用活塞环，则该对比文件不破坏该权利要求的新颖性。

专利申请的权利要求为一种乙烯-丙烯共聚物，其聚合度为100～200。如果对比文件公开了聚合度为50～400的乙烯-丙烯共聚物，则该对比文件不破坏该权利要求的新颖性。

第五，包含性能、参数、用途或制备方法等特征的产品权利要求。

对于包含性能、参数、用途、制备方法等特征的产品权利要求新颖性的审查，应当按照以下原则进行。

A. 包含性能、参数特征的产品权利要求。

对于这类权利要求，应当考虑权利要求中的性能、参数特征是否隐含了要求保护的产品具有某种特定结构和/或组成。如果该性能、参数隐含了要求保护的产品具有区别于对比文件产品的结构和/或组成，则该权利要求具备新颖性；相反，如果所属技术领域的技术人员根据该性能、参数无法将要求保护的产品与对比文件产品区分开，则可推定要求保护的产品与对比文件产品相同，因此申请的权利要求不具备新颖性，除非申请人能够根据申请文件或现有技术证明权利要求中包含性能、参数特征的产品与对比文件产品在结构和/或组成上不同。例如，专利申请的权利要求为用衍射数据等多种参数表征的一种结晶形态的化合物A，对比文件公开的也是结晶形态的化合物A，如果根据对比文件公开的内容，难以将两者的结晶形态区分开，则可推定要求保护的产品与对比文件产品相同，该申请的权利要求相对于对比文件而言不具备新颖性，除非申请人能够根据申请文件或现有技术证明，申请的权利要求所限定的产品与对比文件公开的产品在结晶形态上的确不同。

B. 包含用途特征的产品权利要求。

对于这类权利要求，应当考虑权利要求中的用途特征是否隐含了要求保护的产品具有某种特定结构和/或组成。如果该用途由产品本身固有的特性决定，而且用途特征没有隐含产品在结构和/或组成上发生改变，则该用途特征限定的产品权利要求相对于对比文件的产品不具有新颖性。例如，用于抗病毒的化合物X的发明与用作催化剂的化合物X的对比文件相比，虽然化合物X用途改变，但决定其本质特性的化学结构式并没有任何变化，因此用于抗病毒的化合物X的发明不具备新颖性。但是，如果该用途隐含了产品具有特定的结构和/或组成，即该用途表明产品结构和/或组成发生改变，则该用途作为产品的结构和/或组成的限定特征必须予以考虑。例如“起重机用吊钩”是指仅适用于起重机的尺寸和强度等结构的吊钩，其与具有同样形状的一般钓鱼者用的“钓鱼用吊钩”相比，结构上不同，两者是不同的产品。

C. 包含制备方法特征的产品权利要求。

对于这类权利要求，应当考虑该制备方法是否导致产品具有某种特定的结构和/或组成。如果所属技术领域的技术人员可以断定该方法必然使产品具有不同于对比文件产品的特定结构和/或组成，则该权利要求具备新颖性；相反，如果申请的权利要求所限定的产品与对比文件产品相比，尽管所述方法不同，但产品的结构和/或组成相同，则该权利要求不具备新颖性，除非申请人能够根据申请文件或现有技术证明该方法导致产品在结构和/或组成上与对比文件产品不同，或者该方法给产品带来了不同于对比文件产品的性能从而表明其结构和/或组成已发生改变。例如，专利申请的权利要求为用 X 方法制得的玻璃杯，对比文件公开的是用 Y 方法制得的玻璃杯，如果两种方法制得的玻璃杯的结构、形状和构成材料相同，则申请的权利要求不具备新颖性。相反，如果上述 X 方法包含了对比文件中没有记载的在特定温度下退火的步骤，使得用该方法制得的玻璃杯在耐碎性上比对比文件的玻璃杯有明显的提高，则表明要求保护的玻璃杯因制备方法的不同而导致了微观结构的变化，具有了不同于对比文件产品的内部结构，该权利要求具备新颖性。

④ 不丧失新颖的宽限期。《专利法》第二十四条规定，申请专利的发明创造在申请日以前六个月内，有下列情形之一的，不丧失新颖性：

在中国政府主办或者承认的国际展览会上首次展出的；

在规定的学术会议或者技术会议上首次发表的（这里所谓规定的学术会议是指国务院有关主管部门或者全国性学术团体组织召开的学术会议或者技术会议）；

他人未经申请人同意而泄露其内容的。

申请专利的发明创造在申请日以前六个月内，发生上述三种情形之一的，该申请不丧失新颖性，即这三种情况不构成影响该申请的现有技术。所说的六个月期限，称为宽限期。

同样的发明创造只能授予一项专利权。但是，同一申请人同日对同样的发明创造既申请实用新型专利又申请发明专利，先获得的实用新型专利权尚未终止，且申请人声明放弃该实用新型专利权的，可以授予发明专利权。禁止对同样的发明创造授予多项专利权，是为了防止权利之间存在冲突。

（3）创造性

① 创造性概念。根据《专利法》二十二条的规定，创造性是指与现有技术相比，该发明具有突出的实质性特点和显著的进步，该实用新型具有实质性特点和进步。

根据《专利审查指南》所述，发明有突出的实质性特点，是指发明相对于现有技术，对所属技术领域的技术人员来说，是非显而易见的。如果发明是其所属技术领域的技术人员在现有技术的基础上通过逻辑分析、推理或者有限的试验可以得到的，则该发明是显而易见的，也就不具备突出的实质性特点。

所谓显著的进步，是指发明与最接近的现有技术相比能够产生有益的技术效果。比如，发明克服了现有技术中存在的缺点和不足，或者为解决某一技术问题提供了一种不同构思的技术方案，或者代表某种新的技术发展趋势。

发明或实用新型是否具备创造性，应当基于所属技术领域的技术人员的知识和能力进行评价。所属技术领域的技术人员，也可称为本领域的技术人员，是指一种假设的“人”，假定他知晓申请日或者优先权日之前发明所属技术领域所有的普通技术知识，能够获知该领域中所有的现有技术，并且具有应用该日期之前常规实验的手段和能力，但他不具有创造能力。如果所要解决的技术问题能够促使本领域的技术人员在其他技术领域寻找技术手段，他也应具有从该其他技术领域中获知该申请日或优先权日之前的相关现有技术、普通技术知识和常规实验手段的能力。设定这一概念的目的，在于统一审查标准，尽量避免审查员主观因素的影响。

② 判断创造性的原则和基准。审查发明专利申请是否具备创造性，只有在该发明具备新颖性的条件下才可以考虑。根据《专利法》第二十二条的规定，审查发明是否具备创造性，应当审查发明是否具有突出的实质性特点和显著的进步，该实用新型具有实质性特点和进步。

审查发明是否具备创造性时，应当审查发明是否具有突出的实质性特点，同时还应当审查发明是否具有显著的进步。在评价发明是否具备创造性时，审查员不仅要考虑发明的技术方案本身，而且还要考虑发明所属技术领域、所解决的技术问题和所产生的技术效果，将发明作为一个整体看待。审查创造性时，将一份或者多份现有技术中的不同的技术内容组合在一起对要求保护的发明进行评价（与新颖性“单独对比”的审查原则不同）。如果一项独立权利要求具备创造性，则不再审查该独立权利要求的从属权利要求的创造性。

在评价发明是否具有显著的进步时，主要应当考虑发明是否具有有益的技术效果。以下情况，通常应当认为发明具有“有益的技术效果”，具有显著的进步：发明与现有技术相比具有更好的技术效果，如质量改善、产量提高、节约能源、防治环境污染等；发明提供了一种技术构思不同的技术方案，其技术效果能够基本上达到现有技术的水平；发明代表某种新技术发展趋势；尽管发明在某些方面有负面效果，但在其他方面具有明显积极的技术效果。

（4）实用性

① 实用性概念。根据《专利法》第二十二条的规定，实用性是指该发明或者实用新型能够制造或者使用，并且能够产生积极效果。

根据《专利审查指南》所述，授予专利权的发明或者实用新型，必须是能够解决技术问题，并且能够应用的发明或者实用新型。换句话说，如果申请的是一种产品（包括发明和实用新型），那么该产品必须在产业中能够制造，并且能够解决技术问题；如果申请的是一种方法（仅限发明），那么这种方法必须在产业中能够使用，并且能够解决技术问题。只有满足上述条件的产品或者方法专利申请才可能被授予专利权。

所谓产业，包括工业、农业、林业、水产业、畜牧业、交通运输业以及文化体育、生活用品和医疗器械等行业。在产业上能够制造或者使用的技术方案，是指符合自然法则、具有技术特征的任何可实施的技术方案。这些方案并不一定意味着使用机器设备，或者制造一种物品，而且还可以包括将能量由一种形式转换成另一种形式的方法。

能够产生积极效果，是指发明或者实用新型专利申请在提出申请之日，其产生的经济、技术和社会的效果是所属技术领域的技术人员可以预料到的。这些效果应当是积极的和有益的。

②判断实用性的原则和基准。发明或者实用新型专利申请是否具备实用性，应当在新颖性和创造性审查之前先进行判断。

判断发明或者实用新型专利申请是否具备实用性时，应当遵循下列原则：以申请日提交的说明书（包括附图）和权利要求书所公开的整体技术内容为依据，而不局限于权利要求所记载的内容；实用性与所申请的发明或者实用新型是怎样创造出来的或者是否已经实施无关。

《专利法》第二十二条所说的“能够制造或者使用”是指发明或者实用新型的技术方案具有在产业中被制造或者使用的可能性。满足实用性要求的技术方案不能违背自然规律并且应当具有再现性。

3. 外观设计专利申请的授权条件

（1）相关概念

根据《专利法》第二十三条的规定，授予专利权的外观设计，应当不属于现有设计；也没有任何单位或者个人就同样的外观设计在申请日以前向国务院专利行政部门提出过申请，并记载在申请日以后公告的专利文件中。授予专利权的外观设计与现有设计或者现有设计特征的组合相比，应当具有明显区别。授予专利权的外观设计不得与他人在申请日以前已经取得的合法权利相冲突。《专利法》所称现有设计，是指申请日以前在国内外为公众所知的设计。

（2）相似外观申请

根据《专利法》第三十一条的规定，一件外观设计专利申请应当限于一项外观设计。同一产品两项以上相似外观设计，或者用于同一类别并且成套出售或者使用的产品的两项以上外观设计，可以作为一件申请提出。

根据《专利法》第三十一条的规定，一件申请中的各项外观设计应当为同一产品的外观设计，例如均为餐用盘的外观设计。如果各项外观设计分别为餐用盘、碟、杯、碗的外观设计，虽然各产品同属于国际外观设计分类表中的同一大类，但并不属于同一产品。

成套产品由两件或两件以上属于同一大类、各自独立的产品组成，各产品的设计构思相同，其中每一件产品具有独立的使用价值，同时各产品组合在一起又能体现出其组合产品的使用价值。例如，由咖啡杯、咖啡壶、牛奶壶和糖罐组成的咖啡器具。

组件产品是指由多个构件相结合而组成的一件产品，分为无组装关系、组装关系唯一或者组装关系不唯一的组件产品。例如，扑克牌或象棋棋子、由水壶和加热底座组成的电热开水壶、插接组件玩具等。

由上述定义可以看出，成套产品中可包括多件产品，而组件产品无论由多少构件组成，其本质上都是一件产品。这一区别可以视为成套产品与组件产品的根本区别，其他不同之处也都与之密切相关。

第二课　专利申请与授权

作为一个创新者，通过自己的智慧并结合知识积累，在某一个方向上，迸发出了灵感，获得了一种创新性的灵感，然而灵感是无法获得保护的，那么应当如何做才能及时、有效地保护自己的创新，并且最终实现其价值呢？谋求该创新的价值的前提，是首先固化该创新，也就是首先获取该创新的权利证明，明确其归属。

一、对专利申请文件的要求

1. 发明和实用新型专利申请文件种类

根据《专利法》第二十六条的规定，申请发明或者实用新型专利的，应当提交请求书、说明书及其摘要和权利要求书等文件。

请求书应当写明发明或者实用新型的名称，发明人的姓名，申请人姓名或者名称、地址，以及其他事项。

说明书应当对发明或者实用新型做出清楚、完整的说明，以所属技术领域的技术人员能够实现为准；必要的时候，应当有附图。摘要应当简要说明发明或者实用新型的技术要点。

权利要求书应当以说明书为依据，清楚、简要地限定要求专利保护的范围。

依赖遗传资源完成的发明创造，申请人应当在专利申请文件中说明该遗传资源的直接来源和原始来源；申请人无法说明原始来源的，应当陈述理由。

2. 外观设计专利申请文件种类

根据《专利法》第二十七条的规定，申请外观设计专利的，应当提交请求书、该外观设计的图片或者照片以及对该外观设计的简要说明等文件。申请人提交的有关图片或者照片应当清楚地显示要求专利保护的产品的外观设计。

根据《专利法》第五十九条的规定，外观设计专利权的保护范围以表示在图片或者照片中的该产品的外观设计为准，简要说明可以用于解释图片或者照片所表示的该产品的外观设计。

根据《专利法实施细则》第二十八条的规定，外观设计的简要说明应当写明外观设计产品的名称、用途，外观设计的设计要点，并指定一幅最能表明设计要点的图片或者照片。省略视图或者请求保护色彩的，应当在简要说明中写明。对同一产品的多项相似外观设计提出一件外观设计专利申请的，应当在简要说明中指定其中一项作为基本设计。简要说明不得使用商业性宣传用语，也不能用来说明产品的性能。

二、申请获得专利权的程序及手续

1. 申请日

申请日是向专利局提出符合受理申请条件的申请的日期。对受理审查的申请，以专利局收到申请文件之日为申请日；如果申请文件是邮寄的，以寄出的邮戳日为申请日，如果信封上寄出的邮戳日不清晰，除申请人能提出证明外，以专利局收到日为申请日；属于分案申请的（参见“一发明一申请”），每一件分案申请享有原申请的申请日；享有优先权的，以其在外国第一次提出申请之日为申请日；申请人在提出申请后依专利法规定进行修改的，享有原申请日。确定申请日的主要意义在于：作为衡量申请先后的标准；作为专利权期限及其他一系列有关期限的起算点；确定新颖性的时间标准；确定现有技术和外观设计的时间标准；等等。

2. 优先权

根据《专利法》第二十九条的规定，申请人自发明或者实用新型在外国第一次提出专利申请之日起 12 个月内，或者自外观设计在外国第一次提出专利申请之日起 6 个月内，又在中国就相同主题提出专利申请的，依照该外国同中国签订的协议或者共同参加的国际条约，或者依照相互承认优先权的原则，可以享有优先权。

申请人自发明或者实用新型在中国第一次提出专利申请之日起12个月内，又向国务院专利行政部门就相同主题提出专利申请的，可以享有优先权。

根据《专利法》第三十条的规定，申请人要求优先权的，应当在申请的时候提出书面声明，并且在3个月内提交第一次提出的专利申请文件的副本；未提出书面声明或者逾期未提交专利申请文件副本的，视为未要求优先权。

3. 申请号

专利申请号用12位阿拉伯数字表示，包括申请年号、申请种类号和申请流水号三个部分。按照由左向右的次序，专利申请号中的第1—4位数字表示受理专利申请的年号，第5位数字表示专利申请的种类，第6—12位数字（共7位）为申请流水号，表示受理专利申请的相对顺序。专利申请号中使用的每一位阿拉伯数字均为十进制。

4. 期限

（1）期限的种类

根据《专利审查指南》所述，期限的种类分为法定期限和指定期限。法定期限是指专利法及其实施细则规定的各种期限。例如，发明专利申请的实质审查请求期限（《专利法》第三十五条的规定）、申请人办理登记手续的期限（《专利法实施细则》第五十四条的规定）。

指定期限是指审查员在根据专利法及其实施细则做出的各种通知中，规定申请人（或专利权人）、其他当事人做出答复或者进行某种行为的期限。指定期限一般为2个月。发明专利申请的实质审查程序中，申请人答复第一次审查意见通知书的期限为4个月。对于较为简单的行为，也可以给予1个月或更短的期限。上述指定期限自推定当事人收到通知之日起计算。

（2）期限的计算

起算日：大部分法定期限是自申请日、优先权日、授权公告日等固定日期起算的。全部指定期限和部分法定期限自通知和决定的推定收到日计算。

届满日：期限起算日加上法定或者指定的期限即为期限的届满日。相应的行为应当在期限届满日之前，最迟在届满日当天完成。

期限的第一日（起算日）不计算在期限内。期限以年或者月计算的，以其最后一月的相应日（与起算日相对应的日期）为期限届满日；该月无相应日的，以该月最后一日为期限届满日。期限届满日是法定休假日或者移用周休息日的，以法定休假日或者移用周休息日的第一个工作日为期限届满日，该第一个工作日为周休息日的，期限届满日顺延至周一。

（3）**期限的延长**

当事人因正当理由不能在期限内进行或者完成某一行为或者程序时，可以请求延长期限仅限于指定期限，并且不包括无效宣告程序中专利复审委员会指定的期限。《专利法》及《专利法实施细则》规定的法定期限亦不得延长。延长期限请求应当说明其正当理由，并在期限届满日之前书面提出和缴纳延长期限请求费，延长期限请求费以月计算。延长的期限不足 1 个月的，以 1 个月计算。延长的期限不得超过 2 个月。对同一通知或者决定中指定的期限一般只允许延长一次。延长期限请求由做出相应通知和决定的部门或者流程管理部门进行审批。经过审查，延长期限请求不符合规定的，由审查员发出不予延长期限审批通知书并说明不予延长期限的理由；符合规定的，审查员应当发出延长期限审批通知书，并重新确定该期限的届满日。延长期限请求费的缴纳期限是在原期限届满日之日前。第一次延长期限请求费每月 300 元，再次请求延长的，每月 2000 元。比如，要求将第一次审查意见通知书的答复期限延长 1 个月的，缴纳请求费 300 元，2 个月的，则为 600 元。

（4）**延误期限的处分**

因耽误期限做出的处分决定主要包括：视为撤回专利申请权、视为放弃取得专利权的权利、专利权终止、不予受理、视为未提出请求和视为未要求优先权等。

根据《专利法实施细则》第六条的规定，当事人因不可抗拒的事由而延误专利法或者本细则规定的期限或者国务院专利行政部门指定的期限，导致其权利丧失的，自障碍消除之日起 2 个月内，最迟自期限届满之日起 2 年内，可以向国务院专利行政部门请求恢复权利。

除上述的情形外，当事人因其他正当理由延误专利法或者本细则规定的期限或者国务院专利行政部门指定的期限，导致其权利丧失的，可以自收到国务院专利行政部门的通知之日起 2 个月内向国务院专利行政部门请求恢复权利。

当事人依照规定请求恢复权利的，应当提交恢复权利请求书，说明理由，必要时附具有关证明文件，并办理权利丧失前应当办理的相应手续；依照规定请求恢复权利的，还应当缴纳恢复权利请求费。

当事人请求延长国务院专利行政部门指定的期限的，应当在期限届满前，向国务院专利行政部门说明理由并办理有关手续。

三、专利保护的“3W”

专利保护的“3W”即什么时候提出（When），到哪里去提出（Where），怎样提出（How）。

1. When

我们需要在什么时候对创新成果提出专利保护？我们知道专利的申请制度采用的是先注册制，故而提出保护的时间（也就是相关专利的申请时间）在实际操作中越早越好。只要相关的技术方案初步成型，哪怕仅仅是一个符合自然规律的概念性的初步方案，也可以对其提出专利申请（这种情况下，在技术方案被进一步完善后，我们还可以对新提出的创新方案再次提出新的专利保护）。越早提出专利申请，就越有利于保护我们的核心创意。

此时，我们就可以在整个技术开发和创新的过程中，随着进一步深入开发而将创新从概念发展成具体的技术方案，并在这一过程中完成体系化的专利布局，从而就可以对创新技术形成完善的知识产权保护。

2. Where

专利的一个重要特征就是具有地域性，也就是在全世界范围内，在任何一个国家或地区注册并获得授权的专利，其法律效力仅仅只能局限于相应的国家或地区范围内。同时，一个国家或地区对于某一项发明创造申请的专利的授权或者驳回或者撤销或者无效，并不能影响其他国家或地区对于该发明创造申请的专利的授权或者驳回或者撤销或者无效。

也就是说，某一项专利申请在 A 国获得了授权，同样的专利申请在 B 国则不一定会获得授权，此时 A 国的授权决定对于 B 国的专利审查决定无必然性影响。故而我们的同一发明创造在全球范围内提出的专利申请，其同一时间在全球范围的不同国家或地区，基于各自独立的立法和审查制度，可以处于不同的法律状态。

针对专利的这种特性，我们可以明确知道，某一发明创造，其最优的专利保护方案就是在全球范围内所有施行专利法及其相关制度的国家和地区，均予以专利申请并获得专利权保护。但是这种情况必然带来高额的成本，因此一般而言，实际进行专利申请的国家或地区是与自己的经营活动、市场活动及其战略规划相配合的，只有这样，才能在合适的成本范围内获得对自己的发明创造最合适的保护。

3. How

作为一项发明创造的拥有者，我们知道了在什么时间，并且选定了要申报的地区后，接下来该如何去做才能获得专利申请呢？见图 3-1。

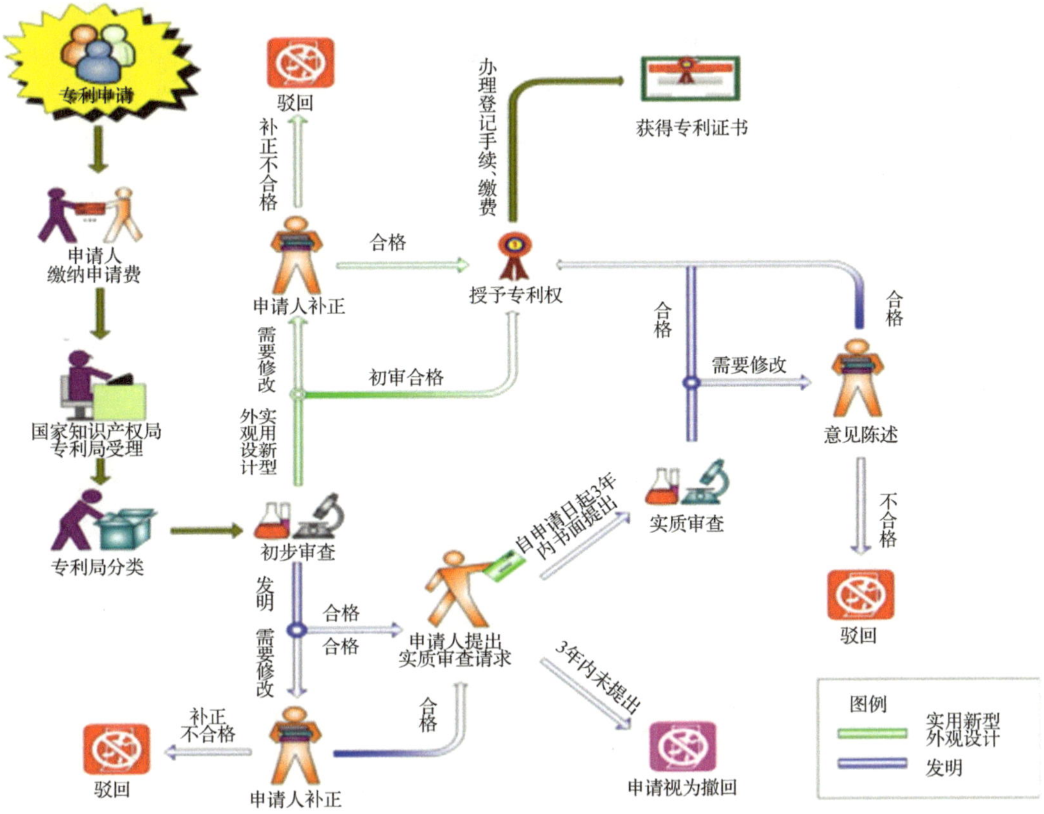

图 3-1　专利申请流程图

从上图可以看到，首先需要做的是按照《专利法》《专利法实施细则》等相关法律法规的规定，撰写出符合法律规定的专利申请文件，然后将相关文件提交给国家知识产权局专利局，提出专利申请。

国家知识产权局在受理后，会根据专利的类型对发明专利申请、实用新型专利申请以及外观设计专利申请等进行分类，并对文件格式等进行审查。如果初审合格则进入下一阶段；如果初审不合格，国家知识产权局则针对相应的格式缺陷发出补正通知书。如果申请人经过补正，克服了相应的格式缺陷，则进入下一阶段；如果申请人经过补正仍旧不合格，则会被驳回。

其中，实用新型专利申请和外观设计专利申请在初审合格或者补正合格后，则直接进入授权程序，国家知识产权局给专利权人发出授予专利权通知书，权利人则在规定的期限内缴费，国家知识产权局颁发专利证书，相关专利的授权文本对外公开。

发明专利申请在初审合格后，该申请在相应期限届满后（申请日起18个月后）被公开或者国家知识产权局依据申请人的请求而提前公开，而后在依据申请人的请求（需要注意的是，如果申请人在申请日起3年内不提出实质审查请求，则相应专利申请视为撤回）而进入实质审查阶段，申请人依据国家知识产权局发出的审查意见，进行修改和/或意见陈述，在陈述合格并解决了审查意见指出的相关问题后，则会进入授权程序，国家知识产权局给申请人发出授予专利权通知书，申请人则在规定的期限内缴费，国家知识产权局颁发专利证书，相关专利的授权文本对外公开。

第三课　专利申请的复审和专利权的无效宣告

一、专利复审制度

1. 复审请求文件的形式要求

专利复审程序的启动有一定的时间限制，专利申请人在接到驳回专利申请通知后3个月内可以决定是否请求复审。需要注意的是，复审程序启动的主体是专利申请人，只有专利申请人才有资格提起复审请求，其他任何单位和个人都无权启动复审程序。请求人应当提交复审请求书，并且说明理由，必要时还应当附具有关证据。请求人应当使用国务院专利行政部门制定的复审请求书表格，并且严格按照表格背面的填表注意事项填写。请求人在提出复审请求时，可以修改专利申请文件，但是，修改应当仅限于消除驳回决定中指出的缺陷。

2. 复审请求的费用

请求人应当在收到驳回决定之日起3个月内缴纳复审费：发明专利申请1000元，实用新型专利申请300元，外观设计专利申请300元。如果申请阶段已经办理了费用减缓，且申请人未进行变更的，可以继续享受减缓，减缓比例：职务发明为60%，非职务发明为80%。

3. 复审请求的恢复手续

目前，如果请求人在提出复审请求时发现已经超过了3个月的法定期限，可以在 3 个月的法定期限后的 2 个月内提出复审请求同时办理恢复手续。请求人在提交复审请求书和相关针对驳回决定的修改文件的同时，一并提交国务院专利行政部门制定的“复审程序恢复权利请求书”，在缴纳复审费的同时一并缴纳恢复费 1000 元。

4. 委托手续

请求人委托专利代理机构请求复审或者解除、辞去委托的，应当在专利局办理手续。但是，请求人在复审程序中委托专利代理机构，且委托书中写明其委托权限仅限于办理复审程序有关事务的，其委托手续或者解除、辞去委托的手续应当在专利复审委员会办理，无须办理著录项目变更手续。需要注意的是，请求人与多个代理机构同时存在委托关系的，应当以书面方式指定其中一个专利代理机构作为收件人。在实际工作中，需要请求人提交“复审、无效宣告程序意见陈述书”表格，并且在表格具体陈述意见部分指定一个代理机构作为收件人。

5. 专利复审审查

专利复审委员会经过形式审查受理复审请求从而启动复审程序后，首先会将复审请求书（包括附具的证明文件和修改后的申请文件）连同原申请案卷一并送交做出驳回申请决定的原审查部门进行前置审查。前置审查意见并不是发给请求人的，而是由原审查部门向专利复审委员会提交的。除特殊情况外，原审查部门应当在自收到案卷之日起 1 个月内完成前置审查。

原审查部门在前置审查意见中同意撤销原驳回决定的，专利复审委员会直接做出撤销原驳回决定的复审决定，通知复审请求人，并且由原审查部门继续进行审批。原审查部门在前置审查意见中坚持原驳回决定的，专利复审委员会成立合议组进行审查。建议每个请求人都要在提出复审请求时把握住修改机会，因为一旦原审查部门在前置审查意见中同意撤销原驳回决定，那么后续专利复审委员会就会直接做出撤销原驳回决定的复审决定，案件也会交由原审查部门继续审查，从而大大节约审查时间。

当原审查部门在前置审查意见中坚持原驳回决定时，专利复审委员会就会成立合议组进行审查。针对一项复审请求，合议组可以采取书面审理、口头审理或者书面审理与口头审理相结合的方式进行审查。在复审程序中，请求人可以以书面方式向专利复审委员会提出进行口头审理的请求。请求人在提交“复审、无效宣告程序意见陈述书”的同时，需要说明理由，一般请求人可以依据请求进行口头审理的理由为：需要当面向合议组说明事实或者陈述理由、需要实物演示等。值得注意的是，即使请求人提出口头审理请求，也要由合议组根据案件的具体情况来决定是否进行口头审理。

合议组经审查后做出复审决定。复审决定分为三种类型：一种是复审请求成立，撤销驳回决定。另一种是专利申请文件经复审请求人修改，弥补了驳回决定所指出的缺陷，在修改文本的基础上撤销驳回决定。这两种类型的决定实质上都是撤销了原驳回决定，专利申请将返回原审查部门，由国务院专利行政部门继续进行审查程序。还有一种是复审请求不成立，维持驳回决定。在这种情况下，专利申请人对专利复审委员会做出的维持原驳回决定不服的，可以在法定期限内进入后续司法救济程序。

6. 专利复审后续的司法救济程序

复审决定做出后复审请求人不服该决定的，可以根据我国《专利法》第四十一条第二款的规定，在收到复审决定之日起 3 个月内向人民法院起诉。专利申请人未在规定的期限内起诉的，复审决定生效。根据法律规定，专利复审委员会作为被告参加诉讼。

二、专利无效宣告制度

专利无效宣告制度是法院或专利机构依请求宣告有缺陷的专利无效的制度。各国受理专利无效宣告的机构不同。联邦德国是联邦专利法院，日本是特许厅的特别部门，中国是专利局的专利复审委员会。请求宣告无效的理由一般有：①由于实质上的理由不应授予专利权。例如，专利的主题缺乏新颖性、创造性和实用性，专利的主题不在授予专利权的范围之内等。②被授予专利权的人无权取得该专利权。例如，专利的主题是取自他人的说明书、附图等，或取自他人使用的方法，而未经本人同意。

关于可以提出无效宣告的人，国际上有两种做法：①只有利害关系人才能请求宣告专利权无效。②任何人均可提出宣告无效的请求。中国采用后者。依中国专利法的规定，无效宣告的请求可以向专利复审委员会提出，也可以在专利权人提起侵权诉讼中以该专利权无效作为抗辩，请求法院中止诉讼的进行，同时向专利复审委员会提出无效宣告的请求。在专利无效问题做出终局决定以前，法院应暂停侵权诉讼。专利复审委员会关于实用新型和外观设计的无效决定是终局的，当事人不能起诉。但关于发明专利无效的决定，如请求人或专利权人对专利复审委员会的决定不服，可以向人民法院起诉，由人民法院重新审查。专利宣告无效后，即产生社会性的效力和追溯的效力，前者指无效的决定不仅对请求人和专利权人生效，而且对一般社会公众产生效力；后者指专利被宣告无效的决定追溯至专利权授予时，即专利权视为自始不存在。

第四课 专利权的实施与保护

专利申请在经过国家知识产权局专利部门依据相关法律法规的审查通过并予以授予专利权后，在该专利所限定的保护范围内——这个保护范围由发明专利的权利要求书、实用新型专利的权利要求书以及外观设计专利的图片照片限定——申请人在本专利的保护期限内就享有了法律所规定的制造、使用、销售、许诺销售、进口的独有权利——申请人可以通过这一专享权利通过经营性行为获取合法的权益，这种权益就是国家对于申请人创新行为的鼓励和回报的一种体现，从而促进科学技术的进步和发展。

一、专利权的内容

专利权的内容是指专利权人因被授予的专利权而依法享有的权利。当然，专利权人在依法享有权利的同时，也应当依法履行相关义务。

专利权的限制是指为了平衡专利权人和社会公众之间的利益，而在特定情况下，对专利权人所享有的垄断性权利做出的限定。比如“非典”期间，针对某医药企业所享有的相关特效药专利做出的“强制许可”，增加这一时期该特效药的授权生产厂家数量以及药品产量，从而缓解疫情。

需要注意的是，正文中涉及的“以生产经营为目的”并非等同于“以营利为目的”，“以生产经营为目的”的行为本身也可以是非营利的，而仅仅是作为一个环节为其生产经营行为服务。

1. 专利实施权

专利实施权是专利权内容的核心组成部分，是专利权人行使其专利权的最直观的体现。专利权人有权实施其享有的专利，与之相应的也同样拥有禁止他人未经许可实施该专利的权利，故而专利实施权从另一方面来讲也是一种“禁止权”。

（1） **制造权**

制造权是指专利权人享有可以自行制造专利产品以及可以禁止他人未经许可以生产经营为目的的制造该专利产品的权利。

比如，无线电台未经许可制造他人的某种能够增强信号传播能力的专利设备，这种设备的制造虽然并非直接实现营利，但也是以生产经营为目的的，故而会侵犯专利权人的制造权。

（2） **使用权**

使用权是指专利权人享有可以自己使用其专利产品以及可以禁止他人未经许可以生产经营为目的的使用该专利产品的权利。

公司 A 拥有一种高精度机床的专利，公司 B 在未获得公司 A 许可的情况下生产了一批该种高精度机床，并将其出售给加工企业 C 用于高精度产品生产，此时加工企业 C 就侵犯公司 A 对该专利享有的使用权，毫无疑问，公司 B 也侵犯公司 A 对该专利享有的制造权和销售权。基于两者的侵权行为，在公司 A 发起侵权诉讼时，公司 B 和加工企业 C 都会是被诉侵权人。

（3） **销售权**

销售权是专利权人享有可以自己将专利产品销售给第三人以及可以禁止他人未经许可以生产经营为目的的销售专利产品的权利。这里涉及的情形主要是专利产品的持有人（销售方）通过销售行为将专利产品转移给买受人，此时买受人会按照约定的价格向持有人支付一定数额的费用，而持有人也会将相应专利产品的销售权转移给买受人。

专利产品的销售权是专利法赋予专利权人在专利保护期限内，以“垄断特许”的形式去获取合法利益的权利。正是这里“垄断特许”的激励，才有助于专利权人在市场上取得竞争优势、回笼资金，从而进一步投入新产品技术的开发，促进技术进步；同时，这种“垄断特许”也会刺激其他竞争者加大新产品技术的开发力度，从而从整体上提高全行业的技术更新速度，推动产业技术进步与革新。故而上面案例中公司B的销售侵权行为是必然会受到打击的，公司A可以通过多种途径谋求法律的保护以及从公司B获得损害赔偿。

当然，销售者在不知道其行为侵权的情况下，一旦专利权人发起侵权诉讼，销售者可以在提供产品的合法来源的前提下，免除赔偿责任。

公司A拥有一种高精度机床的专利，公司B在未获得公司A许可的情况下生产了一批该种高精度机床，并将其出售给中间销售商C进行销售。公司A在发现中间销售商C的侵权行为后，取证并提出侵权诉讼，此时中间销售商C可以通过向法院提交其不知道该高精度机床是侵权产品和采购合同等采购信息的方法，谋求免除赔偿责任。

（4）许诺销售权

许诺销售是指专利权人有权通过做广告、在商店橱窗展示或者在展会展出等方式做出销售专利产品的意思表示，这种意思表示表明了行为人具有销售相应产品的意愿，同样专利权人也有权禁止未经许可做出销售专利产品的意思表示。

（5）进口权

进口权是指专利权人享有可以自己进口专利产品（指有境外向境内输送专利产品的行为）以及可以禁止他人以生产经营为目的的进口专利产品的权利。一般而言，专利权人可以通过在海关部门进行备案的形式，将涉嫌侵权的产品直接拦截扣留，从而最大程度上避免涉嫌侵权的产品进入国内。

中国公司A拥有一种高精度机床的专利，公司A在获得专利授权后就在中国海关总署进行了登记备案，外国公司B生产了一批该种高精度机床，并将其出售给中间销售商C，中间销售商C在未获得公司A许可的情况下欲通过上海海关将其进口到中国，上海海关发现后予以扣留，并及时通知了公司A。

2. 专利实施许可权

专利权人有权禁止他人未经许可实施其享有的专利，也就是说其他人想要实施该专利必须得到专利权的许可，才能在许可授权的范围内实施相关专利。

（1）独占实施许可

独占实施许可是指专利权人在合同约定的范围内（包括时间和区域等范围内）将实施权授予被许可人后，其既不可以再将相应权利授权给第三人，其自身也不可以在该范围内自行实施的情形。

（2）排他实施许可

排他实施许可是指专利权人在合同约定的范围内（包括时间和区域等范围内）将实施权授予被许可人后，其不可以再将相应权利授权给第三人，而仅其自身可以在该范围内自行实施的情形。

（3）普通实施许可

普通实施许可是指专利权人在合同约定的范围内（包括时间和区域等范围内）将实施权授予被许可人后，其既可以再将相应权利授权给第三人，同时其自身也可以在该范围内自行实施的情形。

3. 专利转让权

专利转让权是指专利权人有权将原本为其享有的专利权转让给他人，从而使受让后的他人变成新的专利权人的情形。

公司 A 拥有一种高精度机床的专利，公司 A 与公司 B 在协商一致后决定将该专利转让给公司 B，双方签订的合同中明确公司 B 为受让人。此时，公司 B 应当到国家知识产权局请求备案登记，国家知识产权局登记公告后这种转让即告生效，公司 B 成为受到法律保护的新的专利权人；如果未经登记公告，相关专利的权利人从法律层面仍为公司 A，公司 B 作为新权利人的主张不被保护。

4. 专利标记权

专利标记权是指专利权人及其授权许可人拥有在专利产品或者该产品的包装、

广告等上标明专利标记和专利（公告）号的权利。专利权人通过专利标记行为除了向社会公众宣告该产品为受到保护的专利产品外，还可以通过该标记行为向下游厂商或者消费者等进行广告宣传，此说明本产品是合法受保护的产品，让公众放心选购。

二、专利权的限制

专利权的限制是指从法律层面为了平衡专利权人与社会公众的权益以及社会公共利益之间的关系，而在特定的情形下对专利权人享有的专利独占权采取的限制性规定。

1. 专利权用尽

《专利法》第六十九条第一款规定，“专利产品或者依照专利方法直接获得的产品，由专利权人或者经其许可的单位、个人售出后，使用、许诺销售、销售、进口该产品的”不视为侵犯专利权。

公司 A 拥有一种高精度机床的专利，公司 B 由公司 A 处购买了一批该种高精度机床，再将其出售给产品加工商 C 进行产品生产，这里公司 B 将机床出售给产品加工商 C 的行为是不侵权的。

2. 先用权限制

《专利法》第六十九条第二款规定，“在专利申请日前已经制造相同产品、使用相同方法或者已经作好制造、使用的必要准备，并且仅在原有范围内继续制造、使用的”不视为侵犯专利权。由此，为了平衡其他团队与专利权人之间的利益，专利法允许未获得专利保护的其他团队可以并且仅仅在原有的范围内继续制造、使用该发明创造。

这里的原有范围指原来的生产、销售规模，包括生产销售数量和区域等。

3. 临时过境限制

《专利法》第六十九条第三款规定，“临时通过中国领陆、领水、领空的外国运输工具，依照其所属国同中国签订的协议或者共同参加的国际条约，或者依照互惠原则，为运输工具自身需要而在其装置和设备中使用有关专利的”不视为侵犯专利权。

4. 科学研究例外

《专利法》第六十九条第四款规定，“专为科学研究和实验而使用有关专利的”不视为侵犯专利权。这里从字面意思上就可以看出关于本款的规定是指“只要是为科学研究和实验而使用他人专利的，都不视为侵权”，这一规定涵盖的几乎是所有的科学实验，不管是为了专利技术本身而进行的科学研究和实验，还是仅以他人专利技术作为工具和手段来进行科学研究和实验的，均不视为侵权。

当然，将本款直接限定为“专为研究专利技术本身而进行科学研究和实验，进而制造、使用、进口专利产品或使用专利方法的，以及为了实现这一目的而为研究制造、进口并销售专利产品的”不视为侵权，将会是一种趋势。

5. 行政审批例外

《专利法》第六十九条第五款规定，“为提供行政审批所需要的信息，制造、使用、进口专利药品或者专利医疗器械的，以及专门为其制造、进口专利药品或者专利医疗器械的”不视为侵犯专利权。

6. 强制许可

强制许可是指国家知识产权局在一定条件下，可以不经专利权人同意，通过行政程序允许第三方在批准的范围内利用专利的一种措施，此时该第三方仅仅是在该“一定条件下”存续的情况下，在国家相关部门允许的范围内实施该专利，并且需要向专利权人支付适当的许可费，这本质上仍然是一种专利许可行为。与常规意义上的专利许可差别仅在于，其有成立的前提条件，并且不是专利权人自愿主动与第三方达成的，而是国家相关部门为应对特殊情形而强力促成的。

我国现行专利法规定了如下几种情形：

以合理的条件请求专利权人许可其实施专利，但未能在合理的时间内获得许可单位或者个人作为请求人，请求实施此类强制许可时需要提供至少满足如下任一情形的证据，其一为“专利权人自专利权被授予之日起满三年，且自提出专利申请之日起满四年，无正当理由未实施或者未充分实施其专利的”，其二为“一项取得专利权的发明或者实用新型比前已经取得专利权的发明或者实用新型具有显著经济意义的重大技术进步，其实施又有赖于前一发明或者实用新型的实施的，国务院专利行政部门根据后一专利权人的申请，可以给予实施前一发明或者实用新型的强制许可。在依照前款规定给予实施强制许可的情形下，国务院专利行政部门根据前一专利权人的申请，也可以给予实施后一发明或者实用新型的强制许可”。这两种情形都是在请求人“以合理的条件请求专利权人许可其实施专利，但未能在合理的时间内获得许可”的情形下才能适用，此时专利权人存在滥用专利权的嫌疑，利用对专利技术的独享权利，其自身拒不利用相关专利技术或者阻碍专利技术及其衍生技术的更新与进步，从而在一定程度上阻碍了本领域技术的进步和发展，也间接地侵害了其他社会公众的利益。

需要注意的是，这种强制许可应当是主要为了供应国内市场。

公司A拥有一种治疗感冒的药物的专利权，于2010年被授予专利权，截至2014年都未生产上市，公司B自2013年起就开始请求公司A予以授权生产和销售该药物，多次请求都未获得许可，此时可以向国家专利行政部门请求予以强制许可，并向公司A支付合适的许可费。

为了排除垄断或者是为了公共健康目的，在“专利权人行使专利权的行为被依法认定为垄断行为，为消除或者减少该行为对竞争产生的不利影响的”或“为了公共健康目的，对取得专利权的药品，国务院专利行政部门可以给予制造并将其出口到符合中华人民共和国参加的有关国际条约规定的国家或者地区的强制许可”的相关情形发生时，为了维护整个市场的良性运转，保护所有市场参与者的合法权益，以及在重大疫情等发生时，出于人道主义考虑，为了救援在相关病疫发生区范围内的人员的生命安全，可以对相关医药以及医疗器械实施强制许可。

在“埃博拉”发生期间，印度公司A拥有治疗埃博拉病毒的一种特效药的专利权，而其限于生产能力，并不能够满足全球疫区范围内治疗所需，此时其国家相关部门就可以采用强制许可的形式指定相关企业公司B和公司C等在负责的范围内进行该特效药的生产和销售，并向公司A支付合适的许可费。

需要注意的是，这一类型的强制许可可以是为了满足国内外市场的需求。在国家出现紧急状态或者非常情况时，或者为了公共利益的目的。这种情形一般是针对发生战争、动乱、重大灾害等情形；或者是国内发生重大疫情时，方才采取的强制许可。

在“非典”期间，公司A拥有治疗“非典”的一种特效药的专利权，而其限于生产能力，并不能够满足全国范围内治疗“非典”所需，此时国家相关部门就可以采用强制许可的形式指定其他相关企业公司B和公司C等在抗“非典”期间在负责的范围内进行该特效药的生产和销售，并向公司A支付合适的许可费。

需要注意的是，强制许可涉及的发明创造为半导体技术的，其实施仅限于公共利益的目的和权利人的行为被认定为垄断经营而为消除垄断。

三、专利权的期限和终止

专利权并非是一种永久性的权利，其效力是有一定的期限限制的，只有在其有效期限内，权利人才会在相关专利所保护的范围内享受到专利权的保护，只有这种情况下权利人行使专利权的行为才会得到法律的保护。

1. 专利权的期限

我国专利法规定，发明专利的保护期限是20年，实用新型专利和外观设计专利的保护期限均为10年，均自申请之日起计算。当然，无论是发明专利、实用新型专利还是外观设计专利，其保护均需要自授权之日起方才生效。

2. 专利权的终止与恢复

（1）终止

专利权的终止是指专利权失去专利法所赋予的法律效力，同时专利权人也不再享受专利权所带来的相关法律所赋予的权益的情形。究其缘由，其一，可以是由于专利权在专利法所规定的保护期限届满之后而被“法定终止”；其二，也可以是专利权在专利法所规定的保护期限内，因为专利权人的主观行为产生的特定“请求”而被“届满前终止”。

产生这种特定“请求”的主观行为只能由专利权人做出，其他任何人实施后都要承受由此产生的法律责任和法律后果。

小贴士

年费的缴纳

专利权人在办理专利权登记手续时，应当同时缴纳当年度的年费，也就是缴纳本专利的第一次年费。此后则应当在本年度期限届满前，缴纳下一年度的年费。

比如，小王在2018年1月11日向中国国家知识产权局提出了一件实用新型专利申请，并于当年接到于2018年10月23日发文的授予专利权以及办理登记手续通知书。他应当在规定期限内，一并缴纳办理登记费用以及当年的年费（也就是第一年的年费）。此后，则应当在2019年1月10日之前缴纳第二年年费，以此类推，直至专利权终止。

（2）年费与滞纳金

如果专利权人在规定期限内忘记缴纳年费了，没有按照规定按时足额缴纳年费（除授权当年外），在规定的期限内（应当缴纳年费期满之日起6个月内）继续补缴的，则应当足额缴纳当年的年费，并按照规定缴纳滞纳金。滞纳金的收费比例为自应当缴纳年费期满的第二个月起，每超过一个月则上涨应缴年费的5%（表2-1）。超过滞纳金缴纳期限的，则专利权自应当缴纳年费期满之日起终止。

表2-1　滞纳金缴纳示例

补缴时间		超过期限第1个月内	超过期限第2个月内	超过期限第3个月内	超过期限第4个月内	超过期限第5个月内	超过期限第6个月内
滞纳金额度			5%	10%	15%	20%	25%
以发明专利未费减的第3年年费为例	滞纳金额度（元）	0	45	90	135	180	225
	实缴额度（元）	900	945	990	1035	1080	1125

3. 专利权恢复

因未及时足额缴纳年费或者未及时按照要求回复国家知识产权局的通知并陈述意见而专利权丧失的，专利权人一般在收到专利权终止通知之日起两个月内，可以向国家知识产权局提交恢复专利权请求并说明理由，同时缴纳专利权恢复费。

4. 专利权的无效

《专利法》第四十五条规定，“自国务院专利行政部门公告授予专利权之日起，任何单位或者个人认为该专利权的授予不符合本法有关规定的，可以请求专利复审委员会宣告该专利权无效”。

四、专利权的保护与侵权责任

专利权人拥有法律赋予的专利权，因而任何公民和法人侵犯了他人的专利权，专利权人都会受到法律的保护，这种保护包括行政保护和司法保护两种形式。

1. 行政保护

行政保护是指专利权人的专利权在受到侵害时，通过请求政府有关主管部门帮助制止侵权、维护其权益并获得赔偿的行为。

2. 司法保护

司法保护是指专利权人的专利权在受到侵害时，通过请求法院判定侵权人停止侵权、维护其权益并获得赔偿的行为。

3. 侵权责任

根据《专利法》及其相关法律法规以及部门规章的规定，侵权人应当承担的法律责任包括民事责任、行政责任以及刑事责任。

(1) 民事责任

侵权人所需要承担的民事责任主要包括：

停止侵权。这是指侵权人应当根据管理专利工作的有关部门的处理决定或者裁定或者是人民法院的判决，立即停止其正在或者即将实施的专利侵权行为。

赔偿损失。这是指侵权人应当根据管理专利工作的有关部门的处理决定或者裁定或者是人民法院的判决，按照经济赔偿的形式来对专利权人所遭受的经济损害予以补偿。这里的经济赔偿的数额一般按照专利权人或者相关权利人因被侵权所遭受的损失或者侵权人因侵权获得的利益确定；也可以在专利权人或者相关权利人所遭受的损失或者侵权人所获得的利益难以确定时，参照相关专利许可使用费的倍数合理确定。

消除影响。这是指该侵权行为给专利权人或者相关权利人的商誉或者产品在市场上的形象定位等造成损害的，侵权人应当采用合适的方式承担消除相关不良影响的法律责任。

(2) 行政责任

对于专利侵权行为，管理专利工作的有关部门有权责令侵权人停止侵权；管理专利工作的有关部门应专利权人或者相关权利人的请求，对侵权人的侵权行为以及所需要承担的相关责任予以裁定。

(3) 刑事责任

按照刑法的规定，假冒他人专利，情节严重的，应对直接责任人追究刑事责任。

假冒他人专利的行为主要包括如下几种：

未经许可，在其制造或者销售的产品、产品的包装上标注他人的专利号；

未经许可，在广告或者其他宣传材料中使用他人的专利号，使人将所涉及的技术误认为是他人的专利技术；

未经许可，在合同中使用他人的专利号，使人将合同涉及的技术误认为是他人的专利技术；

伪造或者变造他人的专利证书、专利文件或者专利申请文件。

专利是知识产权的重要组成部分，是企业等专利权人在技术领先性、市场竞争力以及经济技术实力等方面的重要体现。专利权人只有通过专利等知识产权的保护才能维护自身的核心利益，而完善的体系化的知识产权保护才能为专利权人的产品和技术提供全面的保护。

第三单元 品牌与商标

第一课 商标概述

议一议

在我们生活的城市中，有许多知名品牌。除了下面列举的品牌外，你还知道哪些苏州本土的知名品牌、中国的品牌？你可以举例，并与其他同学分享。

一、商标的概念

商标，是指商品的生产者、经营者或者服务的提供者为了标明自己、区别他人而在自己的商品或者服务上使用的显著性的符号。

小资料

中国最早的商标——“济南刘家功夫针铺”铜版

目前，在中国国家博物馆中，陈列着一块北宋年间（公元960—1127年）山东济南刘家功夫针铺的“白兔”铜版，是中国最早的商标，而且是组合商标，距今已有一千年左右。这块“白兔”铜版就是用来印刷广告的，说明古代中国早有对视觉文化形象的商业性使用，这也是迄今为止发现的世界上最早的印刷广告实物。

中国最早的商标——北宋时期济南刘家功夫针铺的“白兔”标记铜版

二、商标的分类

1. 以商标的构成要素区分

以商标的构成要素区分，可分为文字商标、图形商标、立体商标、组合商标等。近年来还出现了听觉商标、味觉商标、触觉商标等诸多新型非传统商标。目前，我国认可的商标类型包括文字商标、图形商标、立体商标、颜色商标和声音商标。

文字商标就是指纯粹使用文字（汉字，汉语拼音，少数民族文字和外国文字或字母）、数字所构成的商标。通常也就是指根据《商标法》第八条中有关商标六要素组合规定的仅用文字、字母、数字及其组合所构成的商标。

文字商标

图形商标是指由几何图形或其他事物图案构成，使用在商品或服务上的标志。图形商标的使用既有便于识别的一面，又有不便呼叫的弊端。

图形商标不受语言文字的制约，不论在什么国度，消费者只需看图即可识牌。但图形商标不易于呼叫，特别是较抽象的图形商标，因没有具体的称谓，有碍人们的口头交流，不利于广告宣传，影响商品的销售。

图形商标

立体商标是指立体形状的商标，是由三维标志或者含有其他要素的三维标志构成的商标。立体商标可以使商品本身（包括商品某一部分）的形状、商品的包装物或者其他与商品无关的立体形象。

立体商标

组合商标是指由文字和图形两部分组合而成，使用在商品或服务上的标志。

组合商标具有图文并茂、形象生动、引人注意、容易识别、便于呼叫等优点。但文字与图形的组合必须协调，表达的中心思想必须明确，不可用牛的文字配合马的图案，令消费者不知所云。中心思想不突出，缺乏显著性的组合商标，不仅令消费者费解，在申请人提交此类商标注册申请时，也难以获得核准注册。

组合商标

声音商标，是由用以区别商品或服务来源的声音构成的商标。声音商标可以由音乐性质的声音构成，如一段乐曲；也可以由非音乐性质的声音构成，如自然界的声音、人或动物的声音；还可以由音乐性质与非音乐性质兼有的声音构成。

我国从 2014 年 5 月 1 日，开始接受声音商标注册，首例提出注册申请的声音商标是中国国际广播电台申请注册的“中国国际广播电台广播节目开始曲”，并已在无线电广播、无线电文娱节目等两个类别共 27 项服务上获准注册。

2. 以使用商标的对象是有形还是无形区分

以使用商标的对象是有形还是无形区分，商标可以分为商品商标和服务商标。

根据世界知识产权组织《商标注册用商品和服务国际分类》的规定，商标划分为 45 个类别。其中，1—34 类为商品商标，35—45 类为服务商标。有些商品和服务项目是否类似，还要结合商品的功能、用途、交易方式和具体的服务行业、服务实施场所、服务的对象等实际情况进行判断。

商品商标，指商品的生产者或经营者为了自己生产或经营的商品与他人生产或经营的商品区别开来，而使用的文字、图形或其组合标志。服务商标，指服务的提供者为了将自己提供的服务与他人提供的服务相区别而使用的标志。

服务商标

3. 以商标的特殊功能区分

以商标的特殊功能区分，商标可以分为普通商标、集体商标和证明商标。

集体商标

集体商标，又称“团体商标”，是指以团体、协会或者其他组织名义注册，供该组织成员在商事活动中使用，以表明使用者在该组织中的成员资格的标志。如各种行业协会注册的商标，供协会成员使用。集体商标的作用是向人们表明使用该商标的集体组织成员所经营的商品或者服务项目具有共同特点。

证明商标，是指由对某种商品或服务具有检测和监督能力的组织所控制，而由其以外的人使用在商品或服务上，以证明商品或服务的产地、原料、制造方法、质量、精确度或其他特定品质的标志。比如“绿色食品”标志等。

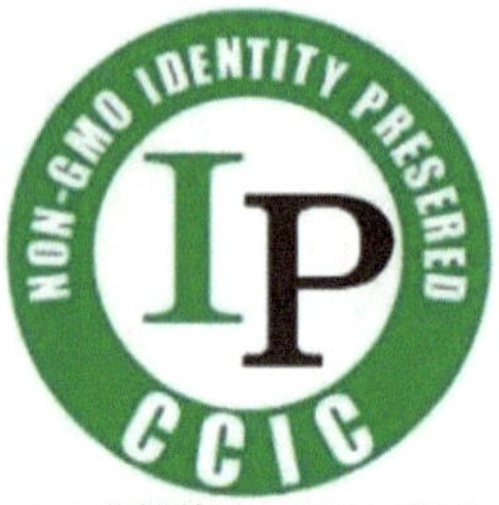

CCIC非转基因产品认证标志

证明商标

想一想

依据关注角度的不同，对商标有几种分类方法？你能画一张思维导图进行说明吗？最好能对每一类商标都举例说明。

三、商标的功能

1. 区分商品

商标具有识别性，这是商标的基本功能、首要功能。商标就是由于要识别商品的来源才得以产生的，所以有此功能者方可成为商标，无此功能者不能称作商标。由此延伸开来，商标还有若干与之相联系的功能。

2. 促进销售

生产经营者使用商标标明商品的来源，消费者通过商标来区别同类商品，了解商品，做出选择。这样，商标成为开拓市场、开展市场竞争的重要工具，这是商标的又一重要功能。

3. 品质保障

生产者通过商标表示某商品为自己所提供，服务提供者通过商标表示某项服务为自己所提供，消费者也通过商标来辨别商品或服务，对其质量做出鉴别，这种鉴别关系到生产经营者的兴衰，因此，商标的使用促使生产经营注重质量，保持质量的稳定。在现实中，牌子倒了，整个企业难以为继的现象时常出现。因此，商标的使用可以使生产经营者体会到市场竞争的压力，从而关注商品质量，商标起到了保证商品质量的作用。

4. 广告宣传

现代的商业宣传往往以商标为中心，通过商标发布商品信息，推介商品，突出醒目，简明易记，能借助商标这种特定标志吸引消费者的注意力，加深对商品的印象。商品吸引了消费者，消费者借助商标选择商品，商标的作用显而易见。在现实中，商标成为无声的广告，更显出商标的优势。

5. 树立商业声誉

商标用于显示商品来源，保证商品的质量，进行商品的广告宣传，是开拓市场的有效手段，这些都表明，商标凝结了被其标示的商品以及该商品的生产经营者的信誉，商标是商品信誉和与之有关的企业信誉的最佳标志，因此，树立商誉的有效途径是形成声誉卓著的商标。这种富有声誉的商标既可有益于消费者选择可信的商品，又可以帮助生产经营者的商誉免受侵害。而且，商标使用的范围越广泛，这种树立商誉、维护商誉的作用越大，以至企业的竞争、商品的竞争变成商标的竞争，商标愈孚众望，竞争力越强。

想一想

请选取你熟悉的老字号，详细了解其商标的含义，结合老字号的传承历史和文化内涵，说说你对这个商标的理解。

四、商标的价值

商标具有帮助商品生产者或服务提供者巩固消费群体的作用，可以带给商标所有权人越来越大的市场竞争优势，越来越丰厚的经济效益，这就是商标的经济价值。商标必须通过商业使用才能产生商业价值。如果只申请商标注册，不踏踏实实地投入使用，那只是商标炒作、投机取巧。“神舟”飞船升空、奥运夺金热潮，几乎每一个社会热点事件发生后，都会引发一轮申请商标的热潮，但是，这种昙花一现的热炒能铸就百年老字号、世界名牌吗？

议一议

有消息称，侯某于2005年在白酒商标类别上申请注册了“莫言醉”商标。2012年莫言获得诺贝尔文学奖后，该商标的转让价格已经飙升至1000万元。你怎么看待这一现象？请查询相关资料，说一说你对商标价值的理解。

第二课 商标注册

一、注册商标和非注册商标

注册商标是指商标所有人向商标局提出注册申请，经商标主管机关审查予以核准使用于特定商品或服务上，此时该商标就成为注册商标。注册商标经商标主管机关公示后受法律保护，如果他人在同一种或类似商品上使用相同或近似商标，就会被视为侵权行为，商标权人可以要求停止侵权行为并要求赔偿。如果他人在同一种或类似商品上申请注册相同或近似商标，也很可能会被商标局驳回。

而未注册商标是指未经商标管理机构依法核准注册而直接使用的商标。未注册商标往往只能在一定条件下受到保护，比如这个商标虽然未经注册，但经过长期广泛的使用，已经广为公众知晓并享有较高声誉，或者至少在一定范围内为相关公众知晓。在这些情况下，未注册商标才能获得一定程度的保护。而普通的未注册商标可能就很难获得法律保护，始终处于一种无权利保障状态，随时可能因他人注册了相同或近似商标而被禁止使用。

TM 和Ⓡ有什么区别?

我们常常会在商标的右上角看到“Ⓡ”标志，该标志是“Registered”的简称，是注册商标标志。“Ⓡ”标明该商标已获得商标局确权。使用注册商标，可以在商品、商品包装、说明书或者其他附着物上标明“注册商标”或者注册标志Ⓡ。

我们还会看到“TM”标志，它是英语“Trade Mark”（商标）首字母的缩写，是未注册商标或者正在申请注册过程中的商标标记。

我国实施商标“自愿注册原则”，企业或个人可以自行决定是否对其商标进行注册。

小资料

在不同的商标保护制度下，非注册商标的法律后果是不同的：

在商标使用制度的国家（如菲律宾、美国）中，商标依使用而获得专有权，无须注册。在这些国家中，商标注册并非商标专有权取得的根据。

在不注册使用与注册使用并行制的国家（如英国）中，非注册商标只要使用在先也能获得专用权。

在商标自愿注册制度的国家中，非注册商标除驰名商标外，不享有商标专有权。

在商标强制注册制度的国家中，商标未经注册不得使用。

二、为什么要注册商标

前面我们讲过商标的功能、商标的价值，商标使用人要保护好自己商标所积累的价值，就需要通过商标注册，使自己的付出和权利获得最大程度的法律保护。

首先，注册商标表明了商品的专属性，在全国，只有拥有这一商标的企业才可以使用或许可他人使用，任何其他企业不能擅自使用。

其次，注册商标可以使自己的商标专用权不受侵犯，不被他人使用，阻止诸如假冒之类的不正当竞争者使用相同或近似的标志，来推销低劣或不同的产品或服务，从而维护商标权人的信誉和形象。

三、商标的注册条件

1. 对商标使用标志的规定

根据最新的《商标法》第十条的有关规定，下列标志不得作为商标使用：

同中华人民共和国的国家名称、国旗、国徽、国歌、军旗、军徽、军歌、勋章等相同或者近似的，以及同中央国家机关的名称、标志、所在地特定地点的名称或者标志性建筑物的名称、图形相同的；

同外国的国家名称、国旗、国徽、军旗等相同或者近似的，但经该国政府同意的除外；

同政府间国际组织的名称、旗帜、徽记等相同或者近似的，但经该组织同意或者不易误导公众的除外；

与表明实施控制、予以保证的官方标志、检验印记相同或者近似的，但经授权的除外；

同“红十字”“红新月”的名称、标志相同或者近似的；

带有民族歧视性的；

带有欺骗性，容易使公众对商品的质量等特点或者产地产生误认的；

有害于社会主义道德风尚或者有其他不良影响的。

县级以上行政区划的地名或者公众知晓的外国地名，不得作为商标。但是，地名具有其他含义或者作为集体商标、证明商标组成部分的除外；已经注册的使用地名的商标继续有效。

根据最新的《商标法》第十一条的规定，下列标志也不得作为商标注册：

仅有本商品的通用名称、图形、型号的；

仅仅直接表示商品的质量、主要原料、功能、用途、重量、数量及其他特点的；

缺乏显著特征的，但经过使用取得显著特征，并便于识别的，可以作为商标注册。

另外，以三维标志申请注册商标的，仅由商品自身的性质产生的形状、为获得技术效果而需有的商品形状或者使商品具有实质性价值的形状，不得注册。

就相同或者类似商品申请注册的商标是复制、模仿或者翻译他人未在中国注册的驰名商标，容易导致混淆的，不予注册并禁止使用。

2. 注册商标的特征

（1）显著性

商标是区分商品或服务来源的识别符号，但并非所有使用在商品或服务上的符号都是商标。比如，某些商业标志，虽然可以起到区分商品或者服务来源的识别作用，但如果不符合人民对商标的一般认识习惯，不易被作为商标标志，自然也就缺乏作为商标的显著性。再比如，仅有商品通用名称、图形构成的商标，或者仅直接表示商品或服务特点的商标，就难以使公众区分同类商品或服务来源。因此，只有当这种符号使消费者可以识别出特定的商品或服务来源时，我们才叫它商标。这种标示商品或者服务来源并使之与其他同类商品或服务相区别的作用，就是商标的显著性。

商标的显著特征（又称显著性），是指商标易于区别于其他商标的可识别性和独特性，消费者可以凭借该商标特征了解商品或服务的出处、特点、信息等。

想一想

下列标志可以作为商标注册吗？为什么？

指定使用商品：	指定使用商品：	指定使用商品：	指定使用商品：
服装	汽车保养和修理	苹果	计算机软件

（2）**合法性**

注册商标所有人对其商标具有专用权、独占权，未经注册商标所有人许可，他人不得擅自使用；否则，即侵犯注册商标所有人的商标权，违反我国有关商标的法律规定。

不具有合法性的商标主要包括可能破坏社会公共秩序或善良风俗的标志，或者违反诚实信用原则、采用欺骗手段或不正当手段申请注册的标志。

（3）**在先性**

注册商标还应具有在先性。一方面，申请注册的商标不应与他人在同一种或类似商品上的在先商标相同或近似，因为这样容易导致混淆。在先商标包括已经获准注册的、已经提出注册申请的或者已经过实际使用形成一定影响的商标。另一方面，申请注册的商标不得损害他人现有的在先权利，如字号权、姓名权、肖像权、著作权等。利用他人享有著作权的作品，如文字、图案等作为商标注册的，应事先取得著作权人的许可。

想一想

看一看，下面这组商标像不像？

案例分享

损害他人在先权利的商标注册案例

我国著名漫画家张乐平先生的三毛形象大家一定不陌生，该形象的著作权归张乐平先生所有，但江苏三毛集团1995年11月至1996年2月申请了“三毛”商标，使用了三毛的漫画形象。张乐平先生的家人向法院起诉，法院认定三毛集团未经著作权人的许可，擅自将“三毛”形象作为商标使用并注册的行为构成侵权，判决三毛集团停止在其产品、企业形象上使用“三毛”漫画形象，并赔偿“三毛”漫画著作权人经济损失10万元。

“三毛”商标

四、如何申请注册商标

申请注册的商标须符合《商标法》《商标法实施条例》等我国相关法律法规的规定，并应接受相应的审查。注册申请的形式方面，申请文件应当齐全，且符合法律规定。在注册申请的内容方面，应具备注册商标的特征，即显著性、合法性、在先性。

经审查符合法律规定的，商标局发布初步审定公告，开始三个月的异议期。公告期满没有异议或者有异议但经裁定异议不成立的，予以核准注册，发给商标注册证，并发布注册公告。

商标的概念不能脱离具体的商品或服务，商品或服务分类是商标权利的一个基本要素。注册申请人须按照我国商标局公布的《类似商品和服务区分表》，提出申请注册商标的商品或服务项目名称。

在我国，主管商标注册和管理工作的部门是商标局。商标注册申请可以自行办理，也可以委托依法设立的商标代理机构办理；商标注册申请可以直接到商标注册大厅办理，也可通过网上申请系统提交注册申请。

1. 商标注册查询软件

中国商标网（http://sbj.cnipa.gov.cn）

2017年，我国商标注册申请量达574.8万件，这意味着平均每天有15748件商标注册申请。因此，在正式提出商标注册申请前，有必要查询准备注册的商标是不是已经有别人在先申请了相同或近似的商标。因为我国的商标注册制度采用“申请在先原则”，一般情况下，谁申请在先，商标权就归谁。这样会帮助申请人提高注册的成功率。

2. 商品的分类

商标既然是商品或服务的标志，就必须依附商品或服务而存在，注册商标需要说明在什么商品或者什么服务上申请注册商标。前面讲过，商标注册人有权在其注册商标核准使用的商品或服务上使用该商标，禁止他人在相同或者类似的商品或者服务上擅自使用与其注册商标相同或者近似的商标的行为，所以，商标保护的范围也是按规定的商品分类表确定的。

申请人按照规定的商品分类表填报使用商标的商品类别和商品名称。商标注册申请人可以通过一份申请就多个类别的商品申请注册同一商标。

那么，如何确定准备申请商标注册的商品分类？必备的工具书就是《类似商品和服务区分表》，有的时候还要参考《商标注册用商品和服务国际分类》。《类似商品和服务区分表》是申请人、审查员、代理机构或者其他与商标注册相关的机构都必须用到的工具书，就好像商标注册用的字典。采用《类似商品和服务区分表》，对于商标注册申请人来说，可以简化、便利申请前的准备工作。

小资料

《类似商品和服务区分表》简介

《商标注册用商品和服务国际分类》（尼斯分类）是根据1957年6月15日由尼斯外交会议达成的《尼斯协定》制定的。《尼斯协定》的每个成员国有义务在商标注册中使用尼斯分类，并须在与商标注册有关的官方文件和出版物中标明注册商标所涉及的商品或服务所在的国际分类的类别号。我国于1994年加入《尼斯协定》。

《类似商品和服务区分表》是商标主管部门为了商标检索、审查、管理工作的需要，总结多年来的实践工作经验，并广泛征求各部门的意见，把某些存在特定联系、容易误认的商品或服务组合到一起，编制而成的。《类似商品和服务区分表》可以作为商标审查人员、商标代理人和商标注册申请人判断类似商品或者服务的参考，也可以作为行政机关和司法机关在处理商标案件时判断类似商品或者服务的参考。

商品名称或服务项目是整个商标注册工作的中心环节之一，它决定了注册商标保护的范围。在申请商标注册时，必须指明具体的商品名称和服务项目。并且，一份申请书上填报的商品或服务只能限定在一个类别之内。商品名称或服务项目力求具体、准确、规范。一般说来，一个商品在商品分类表中有正规名称时，应使用分类表中的规范名称。某些人们日常生活中约定俗成的商品称谓，在申请商标注册时是不允许使用的。如“家用电器”，因为它包括的范围过大，涉及商品分类表中至少五个类别的商品，如第七类的洗衣机、家用电动碾磨机，第八类的电动刮胡刀，第九类的电熨斗、电热卷发器，第十类的电动按摩器，第十一类的电冰箱、电热水器等。诸如此类的情况还有“塑料制品”“皮制品”等。因此，使用商品分类表中规范的商品名称及服务项目，有助于加快商标的注册进程，确保申请人及时获得商标专用权。

3. 商标注册申请流程（完全程序）

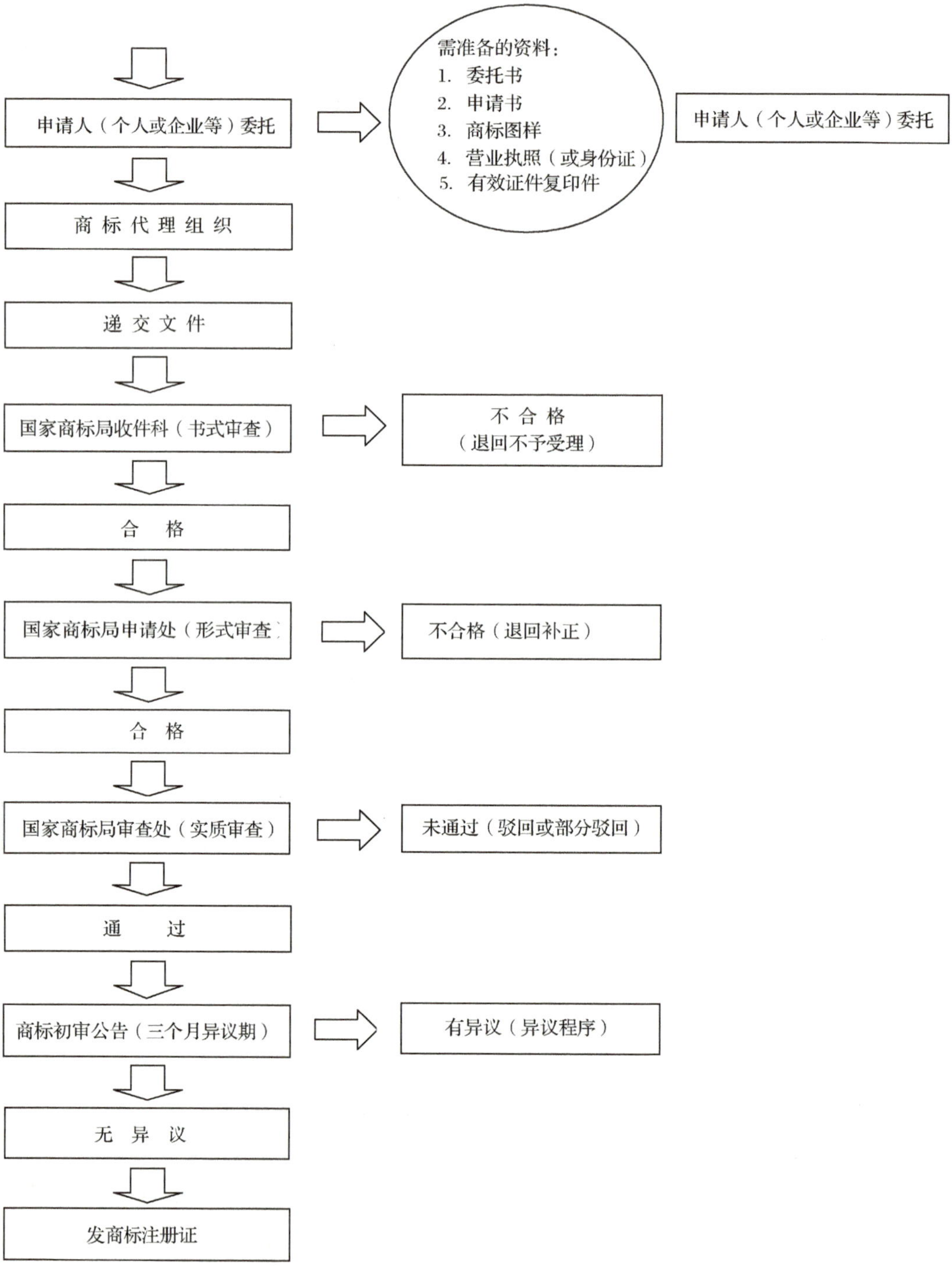

4. 商标注册申请流程（正常程序）

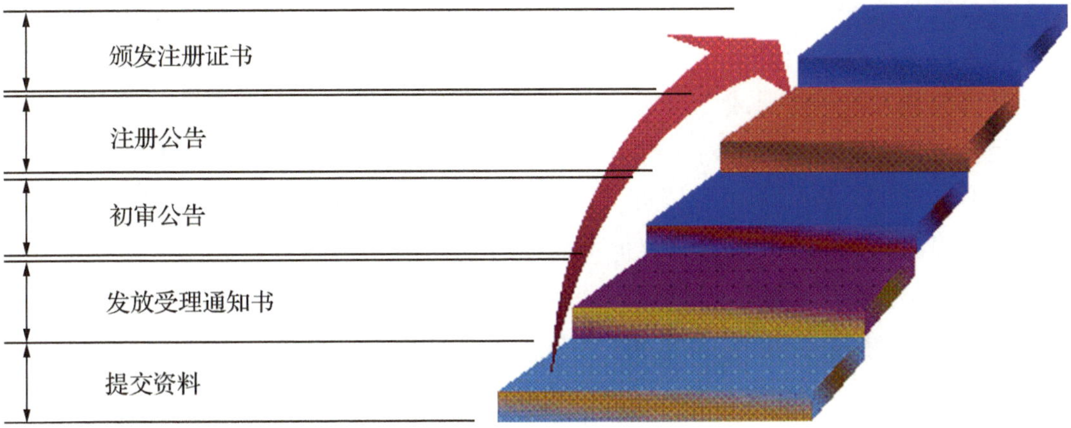

活　动

拿出身边的杯子、文具盒或其他用品，看看哪些打上了注册标志®，哪些打上了 TM，哪些可能是未注册商标。

5. 商标评审程序

商标注册审查是指商标局对商标注册申请是否合乎商标法的规定所进行的检查、资料检索、分析对比、调查研究并决定给予初步审定或驳回申请等一系列活动。这一程序是由商标局委派的审查员进行的，分为两个阶段，即形式审查和实质审查。

形式审查，指商标局收到商标注册申请后对申请资料所进行的审查，主要包括以下内容：审查商标注册申请人资格，是否具有该种商标注册申请的权利；审查商标注册申请的条件，是否符合《商标法》及《商标法实施条例》规定的完备的手续；审查《商标注册申请书》填写是否符合规定要求；审查商品或服务分类是否准确，是否符合一件商标、一类商品或服务一份申请的要求；审查商标注册申请是否委托了代理机构，委托书是否符合规定要求，商标图案是否清晰；等等。

实质审查是指商标局指定审查员对经过审查、编定申请号的商标注册申请，就商标合法性所进行的检查、检索、分析对比、调查研究，并相应做出予以初步审定或驳回的一系列工作。主要包括四个方面的内容：

商标是否符合法定的构成要素；

是否具有显著特征；

是否违反了《商标法》的禁用条例；

是否与他人已经注册或者审定公告的商标相同或者近似。

经实质审查后，商标局对于符合《商标法》有关规定的，做出允许其注册的决定，并在《商标公告》中予以公告。初步审定的商标自刊登初步审定公告之日起三个月无人提出异议的以及虽有异议但不成立的，予以注册，同时刊登注册公告。

6. 商标被驳回了怎么办

实质审查之后，会产生两种结果，一种是商标注册申请准予初步审定，也就是对经过实质审查符合条件的商标注册申请做出初步审定的决定，另一种是被驳回。申请人如果不服商标局的驳回决定，可以自收到通知书之日起 15 日内向商标评审委员会提出复审申请，这个程序就叫作驳回复审。商标评审委员会做出决定后，书面通知申请人。

驳回复审程序也可能产生准予初步审定或者驳回两种结果。申请人对商标评审委员会的决定不服的，可以自收到通知之日起 30 日内向人民法院起诉。

7. 商标核准注册以后

商标注册申请核准注册后，商标局将核准注册的商标与核定使用的商品登入《商标注册簿》，发布《商标注册公告》，向商标注册人颁发商品注册证，标志着该商标权得到了法律的确认。

（1）商标续展

注册商标所有人在其拥有的注册商标有效期将满十年或即将超过十年时，可依法办理手续，延长注册商标的有效期。

1997 年 7 月 20 日申请注册的“康佳”商标，有效期到 2007 年 7 月 19 日。如果“康佳”商标所有人打算继续使用该商标，应当在 2007 年 7 月 19 日前办理续展注册手续。未办理的，最迟在 2008 年 1 月 19 日（宽展期）办理续展注册手续。在此时间仍未提出申请的，商标局将注销该商标。

（2）商标变更

商标变更指改变商标注册人名义、地址，删减商品、服务项目，变更代理人等事项的法定程序。

美的集团有限公司迁往新址，该公司的“美的”商标，在《类似商品和服务区分表》的 45 个类别的商品和服务项目上均有注册。美的集团决定对其所拥有的“美的”商标进行地址变更，则必须将核定使用在 45 个类别的商品和服务项目上的“美的”商标一并进行地址变更。

（3）商标转让

商标转让指注册商标所有人按照一定的条件，依法将其商标专用权转让给他人所有。经过转让，转让人失去商标所有权，受让人获得商标专用权，成为商标所有权人。

程某在“化妆品”商品上申请注册了“超女”商标，李某有意取得该商标的专用权。经过协商，程某将该商标以 20 万元的价格转让给李某，则程某失去“超女”商标在“化妆品”商品上的所有权，李某获得“超女”商标在“化妆品”商品上的专用权，成为该商标的所有人。

（4）商标许可

商标许可指商标注册人通过签订有偿合同，依法将自己的商标允许他人使用。

独占许可：自己不可使用该商标，只有被许可人可以使用该商标。（少见）

排他许可：自己和被许可人都可使用该商标，别人不可以使用。（多见）

普通许可：通过许可，自己和多个被许可人都可以使用该商标。

有偿许可：自己和被许可人签订许可合同，被许可人向自己支付商标使用费。被许可人无权允许合同以外的人使用该商标。（普遍）

（5）商标撤销

注册商标应连续使用，如果商标注册后连续三年停止使用，商标局可做出撤销或者维持注册的决定。当事人对商标局决定不服的，可以向商标评审委员会申请复审，这就是撤销复审程序。

（6）商标的无效

商标获准注册，并不一定意味着商标注册人就可以高枕无忧了，如果这个商标注册时采用了不正当的手段，或者不符合前面讲过的商标注册的提交程序，本来不应该获得注册却已经注册的，那么其注册就有可能被撤销，这种程序称为商标无效。一旦注册商标被宣告无效，则其商标权会被视为“自始即不存在”，也就是说，会被认为这个商标的权利从来就没有存在过。

案例分享

“蜡笔小新”商标争议案

2011 年 12 月 9 日，北京市高级人民法院对江苏蜡笔小新服饰有限公司（下称“小新服饰公司”）与商标评审委员会、日本国株式会社双叶社（下称“双叶社”）关于第 1026605、1026606、1044841 号“蜡笔小新”文字、卡通形象商标争议案做出判决，判令维持商评委的裁决，涉案争议商标被撤销。

《蜡笔小新》是日本国公民臼井义人创作的漫画作品。双叶社于 1992 年经臼井义人授权，获得该作品独占性、排他性的著作权及商品化权。1992 年至 2005 年间，《蜡笔小新》系列漫画由双叶社出版，在日本广泛发行。1994 年以后，双叶社通过许可出版的方式，将《蜡笔小新》系列漫画在中国香港、台湾地区发行。《蜡笔小新》动画片也随之在日本、中国香港、中国台湾等东南亚国家和地区播放。双叶社的“蜡笔小新”系列商标在中国大陆地区的注册始于 2002 年 3 月 18 日，由国际影业公司申请注册，于 2003 年 7 月 7 日获准注册，核定使用在第 21 类牙刷、水杯、纸巾分配器等商品上。

本案三个争议商标，均是诚益公司 1996 年申请并于 1997 年获准注册的，指定的商品分别在第 16、18 类商品上，三个争议商标均曾经转让给上海思嘉经贸发展有限公司，后转让给小新服饰公司。事实上，诚益公司在第 9、18、25、44 类多个类别上申请注册了“SNOOPY”“史诺比”“梦迪娇”“浪琴”“CHANEL”“VOLVO”“高露洁”等多件商标，该公司具有大批量、规模性抢注他人商标并转卖牟利的行为。

2007 年 3 月 8 日，双叶社针对三件争议商标提出撤销注册申请。2011 年 1 月 4 日，商评委裁定均认为：原注册人诚益公司申请注册争议商标的行为违反了诚实信用原则，扰乱了商标注册管理秩序及公共秩序，损害了公共利益，已构成《商标法》第四十一条所指“以其他不正当手段取得注册”的情形。争议商标予以撤销。

争议商标最后拥有人小新服饰公司不服，向北京一中院提起诉讼。一中院审理后，对商评委裁定予以维持。小新服饰公司继续上诉到北京高院，北京高院经审理，认为争议商标将“蜡笔小新”文字、卡通形象申请注册商标主观恶意明显。且商标最初申请人还有大批量、规模性抢注他人商标并转卖牟利的行为，情节恶劣，违反了诚实信用原则，扰乱了商标注册管理秩序及公共秩序，损害了公共利益，构成了《商标法》第四十一条第一款所指“以其他不正当手段取得注册”的情形。北京高院最终维持了一审判决。

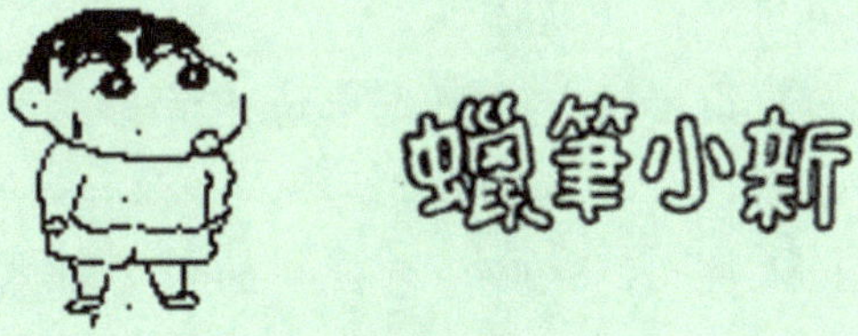

争议商标图样

活 动

同学们找找常喝的酸奶盒子、喜欢吃的零食包装，仔细看看，上面有没有标注商标注册人是谁，实际生产的企业是哪家。

8. 驰名商标与普通商标

“驰名商标”是国际通用的法律术语，指具有较高知名度和声誉的商标。与普通商标相比，驰名商标更容易被侵权，因而法律对其保护范围更广，力度更大。

中国驰名商标是指经过有关机关（国家市场监督管理总局商标局、国家市场监督管理总局商标评审委员会或法定部分具有资质的人民法院）依照法律程序认定为“中国驰名商标”的商标。根据2014年5月1日起实施的商标法规定，生产、经营者不得将“驰名商标”字样用于商品、商品包装或者容器上，或者用于广告宣传、展览以及其他商业活动中。

案例分享

驰名商标典型案例——“洋河”？“洋河 Yanghe”？

江苏洋河酒厂股份有限公司诉徐州某某食品有限公司、汤某某等侵害商标权及不正当竞争纠纷案中，洋河酒厂主张被控侵权的牛奶产品上使用的“洋河 yanghe”等标识构成商标侵权及不正当竞争，而被告却抗辩称“洋河 Yanghe”商标已获得授权，其有权合法使用该注册商标。

我国现行商标法规定，商标注册采用先申请先注册以及分类注册制度，本案被告正是利用了这一制度设计，在与原告“洋河”商标不同的商品种类上注册了多个近似商标，并授权他人使用。这种恶意注册的行为虽然具有明显攀附他人商誉的故意，但由于被告的“洋河 Yanghe”商标已获得授权，故给其不正当的经营行为蒙上了一层“合法”外衣，同时也给原告维权带来了难度，洋河公司曾通过行政程序寻求救济，但未能有效制止侵权行为。

《中华人民共和国商标法》第七条规定，申请注册和使用商标，应当遵循诚实信用原则。第十三条第三款规定，就不相同或者不相类似商品申请注册的商标是复制、模仿或者翻译他人已经在中国注册的驰名商标，误导公众，致使该驰名商标注册人的利益可能受到损害的，不予注册并禁止使用。

《最高人民法院关于审理涉及驰名商标保护的民事纠纷案件应用法律若干问题的解释》第十一条规定，被告使用的注册商标违反商标法第十三条的规定，复制、模仿或者翻译原告驰名商标，构成侵犯商标权的，人民法院应当根据原告的请求，依法判决禁止被告使用该商标。本案中，依据上述法律规定，法院认为虽然被控侵权“洋河 Yanghe”标识系合法授权的注册商标，但在涉案“洋河”商标于2002年已被国家商标局认定为驰名商标的情况下，被告多年来大量申请与

“洋河”近似的注册商标，具有明显的侵权故意，构成对涉案“洋河”商标专用权的侵害。

即使被控侵权“洋河 Yanghe”标识已获得授权，但由于注册和使用行为本身存在恶意，违反诚实信用原则，故在综合考虑“洋河”商标的驰名程度、“洋河 Yanghe”与“洋河”商标的近似程度以及被告注册“洋河 Yanghe”商标的主观恶意等因素的基础上，判决被告禁止使用其已获授权的“洋河 Yanghe”注册商标，从纠纷的源头避免了原告权利再次受到侵害，有效维护了权利人的合法权益。

第三课　商标权的保护

我国商标法明确规定，销售侵犯商标权的商品，伪造、擅自制造他人注册商标标识等行为都属于侵犯商标权的行为。维护商标所有人的正当权益，对于维护市场秩序、鼓励创新和诚信经营、保护消费者权益都有重要意义。

一、商标权的内容和特点

1. 注册商标的专用权

注册商标权利人享有的权利主要包括对其注册商标的专有使用权、禁止权、许可使用权和转让权等，其中最主要的是专有使用权和禁止权。

专有使用权，是指商标权人可在核定的商品或服务上享有该商标的使用权，并通过使用获得合法权益。这种权利是独占的、排他的，因此，专有使用权的反面就是禁止权。

禁止权，是指对他人在相同或者类似的商品或者服务上擅自使用与注册商标相同或者近似商标的行为，商标注册人有权予以禁止。具体表现为禁止他人非法使用、印刷其注册商标及其他侵权行为。

2. 商标权的地域性

这是指在一个国家取得的商标权只在该国管辖范围内获得保护，在其他国家不受保护。注册商标权利人如果希望在其他国家获得保护，就必须依据相应国家的法律寻求保护。

3. 注册商标权的时间性

我国《商标法》规定，注册商标有效期为10年，自核准注册之日起计算。

二、什么是商标侵权

商标侵权即商标侵权行为，是指行为人未经商标权人许可，在相同或类似商品上使用与其注册商标相同或近似的商标，或者其他干涉、妨碍商标权人使用其注册商标，损害商标权人合法权益的行为。我国《商标法》第五十七条规定，有下列行为之一的，均属侵犯注册商标专用权：

第一，未经商标注册人的许可，在同一种商品上使用与其注册商标相同的商标的；

第二，未经商标注册人的许可，在同一种商品上使用与其注册商标近似的商标，或者在类似商品上使用与其注册商标相同或者近似的商标，容易导致混淆的；

第三，销售侵犯注册商标专用权的商品的；

第四，伪造、擅自制造他人注册商标标识或者销售伪造、擅自制造注册商标标识的；

第五，未经商标注册人同意，更换其注册商标并将该更换商标的商品又投入市场的；

第六，故意为侵犯他人商标专用权行为提供便利条件，帮助他人实施侵犯商标专用权行为的；

第七，给他人的注册商标专用权造成其他损害的。

侵权人通常需承担停止侵权的责任，明知或应知是侵权的行为人还要承担赔偿责任，情节严重的，还要承担刑事责任。

三、商标专用权保护

在同一种或类似商品上使用与注册商标相同或近似商标、销售侵犯注册商标专用权的商品、伪造他人注册商标标识或者销售伪造的注册商标标识、帮助他人实施侵犯注册商标专用权行为等情形，都属于侵犯商标权。

案例分享

“星巴克”“STARBUCKS” 商标侵权案

星巴克公司是一家在美国注册成立的公司，在美国及世界范围内从事咖啡零售业务。经我国国家市场监督管理总局商标局核准，星巴克公司“STARBUCKS”文字标识、“STARBUCKS”文字及图形标识、中文“星巴克”文字标识分别在咖啡馆等服务、咖啡等商品上进行了商标注册。上海统一星巴克咖啡有限公司（以下简称统一星巴克）系中外合作企业，按约享有对上述商标的使用权。

上海的一位茆先生看到美国星巴克公司当时在全球开了四千多家店，“星巴克”牌子好，就在上海注册了上海星巴克咖啡馆有限公司（以下简称上海星巴克），后来又设立了上海星巴克咖啡馆有限公司南京路分公司（以下简称上海星巴克分公司），但事实上，上海星巴克与真正的美国星巴克毫无关系。这种行为就属于上面列举的第二种商标侵权的行为，就是“将与他人注册商标相同或者相近似的文字作为企业的字号在相同或类似商品上突出使用”。这种行为违反了诚实信用的原则和公认的商业道德，以不正当的手段利用了美国星巴克公司良好的商业信誉，从而提高了自己的知名度和影响力，具有明显的恶意，并且已经造成部分公众的误认或者误解。

上海星巴克和上海星巴克分公司在咖啡馆的经营服务活动中，在玻璃门窗、屏风、灯箱、名片、立牌、价目表、收银条、定额发票上，擅自使用含有“星巴克”文字的标识、含有“STARBUCKS”的标识以及“上海星巴克咖啡馆”文字及两颗五角星的绿色圆形标识，这些标识分别与美国星巴克公司的“星巴克”商标、“STARBUCKS”商标、“STARBUCKS”文字及图形商标相近似，因此，侵犯了美国星巴克公司的注册商标专用权，侵犯了统一星巴克对上述注册商标享有的商标使用权，同时构成不正当竞争。

因此，上市高级人民法院判决上海星巴克和上海星巴克分公司停止侵害；变更企业名称，变更后的企业名称中不得包含“星巴克”文字；赔偿星巴克公司、统一星巴克经济损失人民币50万元；在《新民晚报》上刊登声明，向星巴克公司、统一星巴克赔礼道歉，消除影响。

按照我国商标法的规定，我国对注册商标专用权保护实行行政执法和司法保护并行的双轨制，发生商标侵权纠纷时，商标注册人或者利害关系人可以向人民法院起诉，也可以请求市场监督管理部门处理，前者属于司法保护，后者属于行政执法。此外，任何人都可以对侵犯注册商标专用权的行为向市场监督管理部门投诉或者举报。行政执法和司法保护双轨制并行，可以更灵活、及时、有效地保护商标权人的合法权益。

1. 商标权的行政执法保护

相对于司法保护，行政执法迅捷、成本低，尤其对于简单侵权案件最有效。由于《商标法》赋予了市场监督管理部门主动依职权查处侵权行为的权力，我国大部分商标侵权案件是通过行政执法机关处理的，维护了市场秩序。对于涉嫌犯罪的商标侵权案件，市场监督管理部门会将案件移送司法机关处理。

一旦认定侵权成立，市场监督管理部门有权责令当事人立即停止侵权行为，没收或销毁其侵权商品，没收或销毁其制造侵权商品或伪造注册商标标识的工具，还可对其处以行政罚款；对五年内实施两次以上商标侵权行为或者有其他严重情节的，加重处罚。

2. 商标权的司法保护

商标侵权案件以民事案件为主。人民法院可以判决侵权人停止损害、消除影响、赔偿损失。我国商标法为加大打击商标侵权行为的力度，引入了惩罚性赔偿制度，对恶意侵犯商标专用权、情节严重的，赔偿数额可以是通常情况的一至三倍；在赔偿数额难以确定的情况下，法定赔偿数额的上限从原来的50万元提高到了300万元。

案例分享

侵犯“苹果”服务商标专用权案

2017 年 12 月，北京市工商局东城分局接到商标权利人苹果公司举报后，对北京某电子科技有限公司位于北京市东城区的经营场所进行检查。

经查，该公司未经商标权利人许可，在店外门头、指示牌，店内装潢、二维码、POS 机签购单上使用“苹果”文字及图形商标，将自身的维修服务与“苹果”注册商标进行关联，误导消费者。该公司利用手机地图自设点位，将自身经营场所位置点设为唯一的“苹果官方授权服务中心”，即消费者通过手机地图搜索“苹果官方授权服务中心”，地图显示有且仅有该公司一个位置点，使消费者误认为该公司就是苹果公司官方授权维修店。经调查，该公司违法经营额共计 181 万元。

该公司的上述行为，违反了《中华人民共和国商标法》第五十七条第二款的规定，北京市工商局东城分局责令该公司停止侵权行为，并作出罚款 907 万余元的行政处罚决定。

3. 商标权的刑事保护

侵犯注册商标专用权，情节严重，涉嫌犯罪的，还要由司法机关按依法追究刑事责任。我国《刑法》第二百一十三条规定，未经注册商标所有人许可，在同一种商品上使用与其注册商标相同的商标，情节严重的，构成侵犯注册商标专用权罪。根据 2004 年 12 月 22 日起实施的《关于办理侵犯知识产权刑事案件具体应用法律若干问题的解释》第一条中的规定，未经注册商标所有人许可，在同一种商品上使用与其注册商标相同的商标，具有下列情形之一的，属于《刑法》第二百一十三条规定的“情节严重”行为，应当以假冒注册商标罪判处三年以下有期徒刑或者拘役，并处或者单处罚金：

非法经营数额在 5 万元以上或者违法所得数额在 3 万元以上的；

假冒两种以上注册商标，非法经营数额在 3 万元以上或者违法所得数额在 2 万元以上的；

其他情节严重的情形。

具有下列情形之一的，属于《刑法》第二百一十三条规定的“情节特别严重”行为，应当以假冒注册商标罪判处三年以上七年以下有期徒刑，并处罚金：

非法经营数额在 25 万元以上或者违法所得数额在 15 万元以上的；

假冒两种以上注册商标，非法经营数额在 15 万元以上或者违法所得数额在 10 万元以上的；

其他情节特别严重的情形。

案例分享

假冒三星注册商标刑事案

公诉机关指控：2013 年 11 月底至 2014 年 6 月期间，被告人郭某某为谋取非法利益，伙同另外两位被告人在未经三星（中国）投资有限公司授权许可的情况下，从他人处批发假冒三星手机裸机及配件进行组装，利用其在淘宝网上开设的网店进行宣传，并以明显低于市场的价格公开对外销售，共计销售假冒的三星手机 2 万余部，销售金额 2000 余万元，非法获利 200 余万元，应当以假冒注册商标罪追究其刑事责任。

SAMSUNG

被告人及其辩护人对基本犯罪事实无异议，但对非法经营额、非法获利提出异议，辩称其淘宝网店存在请人刷信誉的行为，真实交易量只有 1 万多部。

法院经审理查明：三星商标是三星电子株式会社在中国注册的商标，该商标有效期至 2021 年 7 月 27 日；三星（中国）投资有限公司是三星电子株式会社在中国投资设立，并经三星电子株式会社特别授权负责三星电子株式会社名下商标、专利、著作权等知识产权管理和法律事务的公司。2013 年 11 月，被告人郭某某通过网络中介购买淘宝店铺，并改名为“三星数码专柜”，在未经三星（中国）投资公司授权许可的情况下，从深圳批发假冒的三星手机裸机及配件进行组装，并通过“三星数码专柜”在淘宝网上以“正品行货”进行宣传、销售。

江苏省宿迁市中级人民法院于2015年9月8日作出刑事判决，以被告人郭某某犯假冒注册商标罪，判处有期徒刑五年，并处罚金人民币160万元；另两位被告人也分别被判刑和罚金。宣判后，三被告人均没有提出上诉，该判决已经生效。

活　动

观察你生活中的商标都是怎么使用的。衣服上、文具上、牙膏上、超市里、电影院里，以及这本书里提到的商标使用方式，你找到了几种？

第四单元　创作与版权

第一课　版权法律的诞生

人类自从有了对美的追求，创作的欲望，就产生了文学、音乐、戏剧、舞蹈、绘画、雕塑等各种门类的艺术；对科学的追求需要人类记录下每一步探索所取得的成功与失败，一篇篇学术论文搭成了通往未来的阶梯。对这些文学、艺术、科学作品进行保护，既是在保护每一位创作者的创作热情，更是在保护整个人类社会的文明。

案例分享

“牛犊归母牛”原则

公元567年，爱尔兰僧侣圣·可伦巴到一个修道院访问。碰巧，这个修道院里的修道士们都很热爱文学，在专心祀奉上帝的同时，业余时间创作了大量诗歌。可伦巴在访问期间悄悄地抄录了一份修道士们创作的诗集。修道士们发现后，认为可伦巴没有经过他们的同意就擅自抄录的行为是不对的，他们要求可伦巴交还抄录的手稿。但是可伦巴认为自己并没有做错什么，拒不交还手稿。双方争执不下，最后，修道士们只好跑到国王那里去告状。

国王对这个官司很头疼，修道士们创作了那些诗歌，那肯定是他们智力劳动的成果，但可伦巴也的确是辛辛苦苦一笔一画地完成了诗集的抄录，也付出了劳动，到底谁有理呢？国王想到了这样一个原则：“牛犊归母牛”，母牛生下的小牛犊，应该归母牛，那么母牛归谁，小牛犊就要归谁。修道士们创作的诗歌，应该是归修道士们所有，可伦巴的抄录让修道士们的诗歌产生了“复制品”，就好比是母牛生下的小牛犊。国王最终判决，手稿应当归修道士们所有。这场官司，为从事创作的人确定了一个基本权利：“作者有权保护他们的手稿，其他人未经允许，不得复制手稿。”

【启示】

可伦巴输了官司，国王下令“不经作者允许，不得抄录其作品的手稿”，作者对自己的作品有了一定的控制权，但那个时候的欧洲国家普遍认为，手稿被合法购买后，花钱购买了手稿的人，就可以对手稿进行复制，而且不必再取得作者的同意。

在印刷术尚未发明出来的年代里，作品的传播多数要靠人工抄录，作品传播受到很多限制，作品的创作很难带来直接的经济回报。因此，制定一部保护作者权利的法律并不是一项十分迫切的任务。

据考，在前版权时代，公元1世纪古罗马的著名讽刺诗人马歇尔曾谴责将他的诗句攫为己作的对手，唐代文学家柳宗元也在《辩文子》一文中对春秋战国时代在“百家争鸣”的文化氛围中出现的剽窃之风进行了深刻揭示。直到现在，剽窃仍被认为是侵犯著作权行为。

印刷术的推动——中外版权法律的萌芽

随着印刷术的普及，出版开始显现出巨大的市场价值。在利益面前，出版业不可避免地出现了最早的“盗版”者，他们盗用他人出版书籍时的制版，从事盗印活动，牟取暴利。深受“盗版”之害的，首当其冲是印刷商。因此，印刷商开始主张自己的权利。

在中国，宋代的一些大作家和当时的印刷商开始一起向官府申请保护，并在书籍印刷时登载官府授权的声明，宣称自己受到保护。中国南宋绍熙年间（公元1190—1194年），四川眉州程舍人刻印了王称所著的《东都事略》，在目录页上印有“眉山程舍人宅刊行，已申上司不许覆板”的声明，这与今天常见的“版权所有，不得翻录”的意思非常接近。在欧洲，书商乔万尼·达施皮拉于1469年被威尼斯共和国授予为期5年的图书印刷特权。1556年，英国女王玛丽一世批准伦敦印刷商成立书商公司，对该公司成员出版的图书授予垄断权，同时规定，如未经注册即擅自印行，由王家法院惩处。书商们通过向王室申请，获得某些书籍的印刷专有权。

这些由王室或官府出面授予印刷商对某些作品进行印刷的垄断权，是处于萌芽状态的最早的版权法律。

【启示】

虽然书籍的出版不再是可以任意为之的活动，但在这个阶段，世界各国仍然停留在对作品传播者和印刷商的保护上，而真正创作作品的作者却一直被忽视。直到 17 世纪末期，席卷欧洲的资产阶级革命运动使得“私有财产不可侵犯”的思想逐步传播开来，封建垄断制度开始动摇，作者的权利主体地位逐渐受到重视。

1709 年 1 月 11 日，英国下院提出了一项议案，要求在一定期限内将图书的印刷发行权授予作者或作品原稿的购买者，在这项提案的基础上，形成了《安妮女王法令》，于 1710 年 4 月 10 日生效。《安妮女王法令》被称为世界上第一部版权法，因为该法令第一次规定，只有“作者”才有权支配和处理自己的作品，它废除了王室给书商颁发印刷许可证的封建垄断制度，使版权不再是由王室赐予的特权，标志着现代版权概念的形成。

复制权是著作财产权的基础和核心。可以认为，迄今为止的著作权法仍是以复制权为中心构建起来的。现代著作权法的鼻祖《安妮女王法令》确立作者对作品的财产权的内容即保护作者独占一定期限的作品印制、翻印和出版之权，性质上属于印刷版权。

想一想

为什么说我国宋代保护印刷商、打击盗印活动的官府公文只是版权制度萌芽的体现？《安妮女王法令》与以往保护出版业发展的制度有何不同？为什么将其称为第一部真正意义上的版权法？可以参照我国《著作权法》第一条的内容来理解。

第二课 从创意到作品

狩猎归来的山顶洞人，在满载而归、欢呼雀跃的同时，忘不了与野兽搏斗的惊险，历历在目的场景在脑海里翻滚，创意涌现。有人拿起手里的石块在岩石上描画起来，创意化为以岩壁为画布的绘画；有人学着野兽的嚎叫忽高忽低地呼啸长鸣，创意化为悠远绵长的乐音……创意，不断从人类智慧的脑袋里跳出来，化作多姿多彩的作品。

但是，创意能否受到版权法律的保护呢？创意到作品之间有多大距离？作品是否会受到版权法律的保护呢？这一课，我们将认识创意与作品的关系，初步理解什么是作品的独创性，找到版权法律的大门，认清版权法律保护的起点与范围。

案例分享

唐老鸭的纠纷

20世纪90年代中期，我国南方沿海的一家玩具厂发现，孩子们特别喜欢迪斯尼公司的唐老鸭，他们开始生产唐老鸭形象的玩具。然而，没过多久，工厂就收到迪斯尼公司的律师函，要求停止侵犯版权的行为。在即将销毁侵权产品的时候，厂里的销售人员提出一个想法："老板，如果咱们这个鸭子不是唐老鸭，不就不侵权了吗？"老板一想："对啊！人家告我们侵权，是因为我们这个东西是唐老鸭，如果不是唐老鸭，看谁还能告！"

玩具厂把唐老鸭头上那个招牌式的蓝色海军帽"改造"成了绿色"贝雷帽"，把唐老鸭的海军衫涂上迷彩色，起了一个新名字，于是，"唐老鸭"变成了"冲锋战士鸭"！

“冲锋战士鸭”摆在柜台上，孩子们走过来说：“这个唐老鸭有点怪哦，帽子和衣服的颜色都不大对呢！搞错了吧?”孩子们眼中看到的不过是帽子和衣服有了一些细微变化的唐老鸭，这种变化没有创造意义和价值，玩具厂所做的这种变化没能按照他们的想法“变”出一个新的作品，因此，“冲锋战士鸭”仍然是一个侵权产品。

从“创意”到“表达形式”的智力劳动过程，被称为“创作”。作品可以是全新的创作，前所未有的创作，也可以是建立在他人作品基础上的再次创作，但这种再创作作品与原作品相比，必须有“可以客观区别的变化”，并且该变化不能“太过细微”或没有任何创造意义与价值，同时必须尊重之前作品的版权。

《哈利·波特》与《威利巫师历险记》的纠纷

英国已故作家阿德里安·雅各布斯在生前创作过一系列以巫师为主角的魔幻小说《威利巫师历险记》。2009 年，拥有雅各布斯版权的遗产托管方起诉了《哈利·波特》系列小说的出版商以及作者 J. K. 罗琳，指控《哈利·波特》系列小说的《哈利·波特与火焰杯》侵犯了雅各布斯的版权。

起诉书中指出，雅各布斯在《威利巫师历险记——青紫大陆》中讲述了威利巫师参加一场巫师比赛的故事，故事中同样出现了“巫师学校”“蛇语者”“巫师火车”等情节。《哈利·波特与火焰杯》使用了与雅各布斯相同的创意，请求法院判决罗琳及《哈利·波特》系列小说的出版商给予赔偿。

法官仔细对比了两部小说：虽然两部小说都提到了“巫师学校”“蛇语者”“巫师火车”，但雅各布斯并没有对这些新奇的想法进行深入的描写，就“文字表达”而言，显然是罗琳的描写更为具体，更为引人入胜。法官认为，“两部小说从写作风格到内容截然不同”，那些相似的情节只能算作“创意”类似，而创意是无法受到版权法律保护的。因此，法官最终没有支持雅各布斯遗产托管方的起诉。

创意没能得到版权法律的保护，形象独特的哈利·波特小巫师赢得了这场版权官司的胜利。

【启示】

版权法律的领地有一个大门，“创意”是站在门外的，只有跨过门槛，将虚无的“创意”通过“表达”变成可供欣赏的实实在在的作品，才有资格进入版权法律保护的范围。

创作是我们造型综合能力与艺术创造能力的集中体现。创作权也即是创造文艺作品的权利，这个是人人都拥有的与生俱来的、最基本的权利。

著作权也称版权，是指作者及其他权利人对文学、艺术和科学作品享有的人身权和财产权的总称。分为著作人格权与著作财产权。其中著作人格权包括公开发表权、姓名表示权及禁止他人以扭曲、变更方式，利用著作损害著作人名誉的权利。著作财产权是无形的财产权，是基于人类知识所产生之权利，故属知识产权之一种，包括重制权、公开口述权、公开播送权、公开上映权、公开演出权、公开传输权、公开展示权、改作权、散布权、出租权等。著作权要保障的是思想的表达形式，而不是保护思想本身，在保障私人之财产权利益的同时，须兼顾文明之累积与知识之传播，算法、数学方法、技术或机器的设计均不属著作权所要保障的对象。

那么，是不是所有的作品都一定会受到版权法律的保护呢？创意通过“表达”成为作品后，虽然有资格进入版权法律的大门，但是根据法律规定，有些情况下，有些作品将被迫离开版权法律的保护范围，从而进入公有领域，供全社会免费使用。

爱因斯坦提出的相对论，可以简洁地表示为“$E=MC^2$”这样一个公式。那么，版权法律是否会保护这个公式呢？

答案是，不保护。

版权法律有一个基本原则：平衡原则。人类制定版权法律的出发点是保护创作者的创作热情，通过赋予权利，让创作者可以将自己的作品卖出去，换取收入，赢得名誉，从而让创作者可以安心地创作出更多作品。但是，版权法律的最终目的绝不仅仅是保护创作者，而是为了人类文明成果的不断积累，人类文明的不断进步。所以，版权法律在确立了针对创作者的“保护原则”的同时，出于对社会公共利益的考虑，又确立了一条“平衡原则”。具体而言，就是在某些情况下，某些作品会被排除在版权法律保护范围之外，而对这种“不受保护的作品”的规定恰恰是为了让更多的作品产生。

前面提到的爱因斯坦的这个著名公式就被划到“不受保护的作品”范围之内，它虽然是爱因斯坦那个伟大的脑袋想出来的，是独一无二的，但它也代表着全人类对客观世界探索的结果，是对客观世界的规律性总结，应当成为全人类共享的知识。

还应当注意的是，著作权人行使著作权，不得违反宪法和法律，不得损害公共利益。国家对作品的出版、传播依法进行监督管理。

由于著作权制度蕴含维持公共领域和专有领域利益平衡的政策目标，作品性质不同，公共领域与专有领域的界限不会整齐划一，利益平衡点不完全一致，对独创性的要求也就不同。

作品通常有艺术作品、事实作品和功能作品之分。

艺术作品选材灵活多样，创作空间自由，布局谋篇全在乎心，常常是表达作者个性的成果，具有相对的艺术性和审美目标，其独创性要求一般较高。事实作品通常是对事实材料的收集、整理和传播，其额头的汗水大于思维创造，虽然事实信息的表达可以有所创新，但是内容决定形式，其自由空间相对狭小，有些表达还具有唯一性，所以重复再现不可避免。而且对事实作品赋权也需要考虑社会政策，事实材料均存在于公共领域，赋予其过强的控制权会侵夺公共知识，吞噬公共领域。功能作品的主要价值在于实用——或描述或构建空间结构、数字组合等，具有实践指向性，比如工程设计图、计算机软件等。

在事实作品和功能作品的表达形式上，可供选择的范围比较有限。随着功能作品的发展，美国在司法实践中发展出了“唯一结果原则”，即指定两个或者以上的人通过独立方式来创作作品，如果作品与原作在表达方式上完全相同或者具有高度相似性，那么可以认为任何人进行表达只能有唯一结果，作为表达思想的唯一结果，任何人对此不具有专有性。“唯一结果原则”是在特殊情况下对公共领域的维护，对保障表达自由具有重要意义，因此此类表达不受复制权控制。但是，“史料无版权”，史料的表达形式仍具有独创性，作者仍可以对事实领域内的历史地理、人物传记、科学素材等客观内容的主观表达形式享有复制权。英美等国家的判例曾有类似态度，比如“巴顿传记案”“安徒生传记案”“命运之矛案”等。

想一想

通过本课的学习，我们知道，爱因斯坦提出的“$E=MC^2$”公式不受版权法律保护，那么，爱因斯坦为了证明这个公式成立所写的文章《论动体的电动力学》是否受版权法律的保护呢？

第三课 作品与作者

在人类发展的历史长河中，人们通过智力劳动创作了无数文学、艺术和科学技术作品。我们阅读的各种小说是文学作品，观看欣赏的电影、音乐、绘画、雕塑等是艺术作品，我们使用的地图、建筑工程图样、操作说明、计算机程序等是科学或技术作品。那么，到底什么是法律意义上的作品呢?

从著作权法律角度讲，所谓“作品”，是指具有独创性并通过一定形式表现或者表达出来的智力成果。所谓“独创性”，是指作品是作者运用自己的智力劳动创作出来的，而不是抄袭来的；“通过一定形式表现或者表达出来”，是指作品必须借助某种载体让人们能看到、听到、触摸到，各种思想或想法通过“表达”成为作品，单单心里想的不是作品；所谓“智力成果”，指的是作者运用智力劳动创造的，不附加任何智力劳动的所得物称不上作品。

案例分享

“程序”也受保护

1982年，苹果公司发现富兰克林公司在市场上出售的计算机软件中，有七十多条指令与本公司开发的程序完全相同，并且有些软件上还毫不避讳地写着苹果公司程序设计员的名字。于是苹果公司起诉富兰克林公司侵犯“计算机软件的版权”，请求法院下达禁令并判处其承担赔偿责任。

苹果公司的这场诉讼并不顺利，因为地方法院的法官和当时大多数人一样，对计算机软件、计算机程序还没有特别清晰的认识，认为这些程序不过就是一堆“0”和“1”嘛，如何能体现出独创性呢？程序虽然是创造性思想的体现，但版权法律并不保护思想，也不保护方法，所以很难判定对方侵犯版权。一审法院裁决，苹果公司败诉。

一审败诉的苹果公司没有放弃，上诉到第三巡回上诉法院。上诉法院的首席法官斯劳维特对目标代码、操作系统和固化在只读存储器中的程序分别进行了“是否有版权”的充分论证，最终给出这样的结论：“任何能够借助于某种机器或设备而被人感知、复制及传播的作品、程序里面的表达形式和为达到一定结果而用于计算机的一组指令，不管是系统程序还是应用程序，都应受到版权法的保护。”法院对富兰克林公司销售侵权软件的活动下达永久禁令，判令富兰克林公司赔偿苹果公司250万美元。

虽然国际公约、各国法律对“作品”有不同的具体定义，但总体而言，都强调三个基本要素：人类智力劳动的成果、具有独创性、可以被复制的思想表达。将计算机软件作为“作品”保护，并没有超出这三个基本要素的要求。不过，与以往人们对其他作品的认知不同，通常情况下，计算机软件的表达形式很难被人们直接理解，但这种表达形式的背后仍然是具有独创性的思想。因此，计算机软件最终成为多数国家版权法律保护范围内的作品。

一、作品的种类

我们的大脑每天都在对客观世界做出反应，产生丰富的感受和各种想法，当把这些感受和想法用某种形式表达出来时，就产生了作品。根据载体形式的不同，作品主要分为以下类型。

文字作品。是指小说、诗词、散文、论文等通过文字表现的作品。其中的文字可以是汉字、少数民族文字、盲文等。

口述作品。是指以口头语言形式表现的作品，此类作品以口头语言创作，看不见，摸不着，但能听得到，如即兴演说、授课、法庭辩论等。

音乐、戏剧、曲艺、舞蹈、杂技等艺术作品。音乐作品，是指歌曲、交响乐等能够演唱或演奏的带词或者不带词的作品；戏剧作品，是指话剧、歌剧、地方戏等供舞台演出的作品；曲艺作品，是指相声、快板、大鼓、评书等以说唱为主要形式表演的作品；舞蹈作品，是指通过连续的动作、姿势、表情等表达思想情感的作品；杂技作品，是指杂技、魔术、马戏等通过形体动作和技巧表现的作品。

美术、建筑作品。美术作品，是指绘画、书法、雕塑等由线条、色彩等构成的有审美意义的艺术作品；建筑作品，是指以建筑形式表现的有审美意义的作品。

摄影作品。是指借助摄影器械在感光材料或者其他介质上记录客观物体形象的艺术作品。

电影作品和以类似摄制电影的方法创作的作品。是指摄制在一定介质上，大部分配有声音的一连串图像的作品以及以类似摄制电影的方法创作的作品。

图形作品和模型作品。图形作品，是指为施工、生产绘制的工程设计图、产品设计图等作品；模型作品，是指根据物体的形状和结构，按照一定比例制成的立体作品。

计算机软件。是指计算机程序及其文档。

一般情况下，上述各类作品都可以获得著作权法保护。为了保证国家法律、政令的畅通，新闻报道的及时传播，科学公理尽可能为公众所知晓，对以下这几类客体，通常不给予著作权法保护：法律、法规，国家机关的决议、决定、命令、法院判决等具有立法、行政、司法性质的文件及其官方正式译文；时事新闻；历法、通用数表、通用表格和公式。

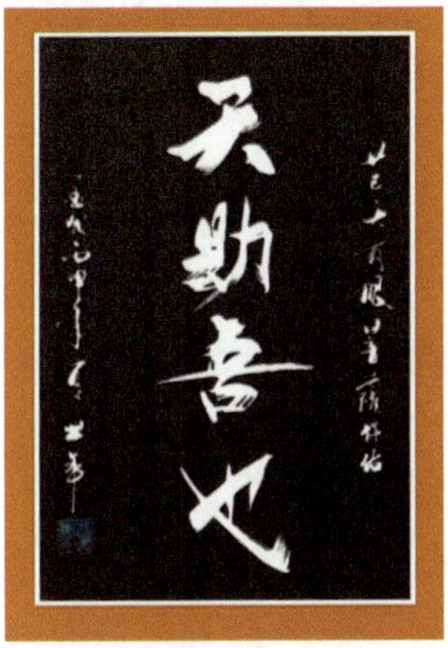
书法作品

建筑作品

文字作品

舞蹈作品

案例分享

网页可以定义为作品吗?

2015年，上海的一家公司发现，做着同行生意的另外一家公司也建立了网站，不过这个网站怎么看都和自己家在2012年就建成的网站非常像。一场为了捍卫“网页作品”版权的诉讼在所难免。

在我国著作权法列举的作品种类中，并没有一个明确的“网页作品”的概念，那么如何认定“网页”这种新生事物呢？好在著作权法留下了一个开放式的权利空间，即第三条第九项规定：“法律、行政法规规定的其他作品。”法官们根据这一条，结合我国著作权法实施条例中对作品的定义，认为网页的设置即文字、图片以及页头样式的排列组合形成了一种特定表达方式，网页上每个具体的基本元素不一定都具备足够的独创性，但不同的网页设计师会根据自己的创意对这些基本元素进行不同方式的选择、排列、组合，整体的页面体现了设计者的独特表达，这些基本元素的排列方式、组合方式就具备了独创性，是一种典型的智力劳动成果，且具备可复制性。所以，“网页作品”应当受到版权法律的保护。最终，只会抄袭的公司输了这场官司，付出了经济赔偿的代价。

技术延展了人类思想的载体，“表达”的方式越来越丰富。但是，版权法律并不要求作品必须具备实体形态。与技术革新相对应，版权法律的调整直观地体现为对“作品种类”的不断增加，从而使创作者在各种技术发展阶段都可以对自己的智力劳动成果拥有控制权，以此实现对人类创造力的保护。

永久复制是指载体与作品的结合具有稳定性，能够满足作品长期固定的需求的再现样态。

我国著作权法意义上的复制，限于以特定的方法和方式再现作品的行为，一般限于在有形物质载体上再现作品，而且这种再现具有持久的稳定性。在印刷、拓印、复印等传统的复制方式基础上，随着模拟时代的到来，出现了新的复制方式比如录音录像等，到了数字时代，出现了数字复制类型。

国家版权局1999年12月9日发布的《关于制作数字化制品的著作权规定》第二条中明确规定，将已有作品制成数字化作品属于著作权法意义上的复制行为。通常的数字复制包括：以一定的技术手段将作品固定在磁盘、光盘、硬盘、闪存盘、芯片等存储媒介中，将数字化作品上载或下载到计算机硬盘中等。这些复制形式都具有永久存储的特征。

二、作品的归属

（1）作者享有著作权的情况

运用自己的智慧，通过创造性劳动创作作品的人是作者，一般情况下，作者享有作品的著作权。在作品产生过程中仅提供咨询意见、物质条件的人并不是作者。

（2）除作者外，其他人依法享有著作权的情况

① 作者可以把自己的部分著作权转让给他人，接受转让的人也就享有了相应的著作权。

② 著作权人死亡后，其配偶、父母、子女等可以继承其著作权中的财产权。

③ 几种特殊情况下著作权的归属：

电影作品。每部电影的片头或片尾都会列出导演、摄制单位、投资方、作曲人、作词人等一大串名单，根据我国著作权法的规定，电影作品的著作权由制片人享有，编剧、导演、摄影、作词、作曲等享有署名权，并有权按照约定获得报酬。

职务作品。人们为完成单位工作任务所创作的作品是职务作品。一般情况下，职务作品的著作权由作者享有，但单位有权在其业务范围内优先使用该作品。但对于主要是利用法人或者非法人单位的物质技术条件创作，并由法人或者非法人单位承担责任的工程设计、产品设计图纸及其说明、计算机软件、地图等职务作品，作者只享有署名权，著作权的其他权利由法人或者非法人单位享有。

法人作品。指的是由法人或者其他组织主持，代表法人或者其他组织意志创作，并由法人或者其他组织承担责任的作品，法人或者其他组织视为作者。

委托作品。委托他人创作的作品是委托作品，其著作权归属可由双方约定；没有约定的，著作权归受托人享有。

（3）合作作品著作权的归属

合作作品，是由两人及两人以上共同创作的作品，其著作权归全部合作作者享有。如《两地书》是鲁迅与其夫人许广平在 1925 年 3 月至 1929 年 6 月间的通信结集，共收信 135 封（其中鲁迅信件 67 封半），由鲁迅编辑修改而成，就属于合作作品。

第四课　著作权与邻接权

一、著作权的概念

著作权，也称版权，是指文学、艺术、科学技术作品的作者和相关权利人对作品及相关客体所享有的专有权利。如作家对自己的小说、画家对自己的绘画、摄影师对自己的摄影作品都各自享有著作权。狭义上的著作权仅包括作者对自己作品所享有的权利，广义上的著作权还将表演者、录音录像制作者、广播组织者、出版者等享有的权利（即邻接权）包括在内。

案例分享

这是我的表演

2006年3月，郭德纲和搭档王玥波在市面上发现了这样一款音像出版物：《非著名相声演员郭德纲（对口相声）》，这套DVD光盘和VCD光盘中收录了他们表演的21段相声。他们将出版方与发行方起诉到了法院，提出维护表演者权利的请求。法院的判决指出，郭德纲和王玥波作为涉案21段相声的表演者，“享有许可他人复制、发行录有其表演的音像制品，并获得报酬的权利。任何人未经其许可，不得擅自使用其表演复制、发行音像制品”。法院判决出版方与发行方侵权，并需对两位表演者承担赔偿责任。

二、著作权的内容

著作权的内容十分丰富，从性质上可以分为人身权和财产权两大类。

1. 著作人身权

俗话说“文如其人”，针对同一个主题，不同的作家写出来的作品风格各不相同，故作品往往被视为作者人格的一种延伸。人身权，也叫人格权或者身份权，体现着作者有权采取某些行动保护作者本人与其创作的作品之间的个人联系。人身权具体包括以下四种权利：

发表权，即决定是否把自己创作的作品公之于众以及如何公之于众的权利。

署名权，即决定是否在作品上署名和如何署名的权利，也称为“确认作者身份权”。

修改权，即修改或授权他人修改自己创作的作品的权利。

保护作品完整权，是指作者享有的禁止他人分解、歪曲、篡改其创作的作品的权利。

2. 著作财产权

著作权中的财产权，是指作者通过自己使用或者许可他人使用作品获得经济回报的权利。财产权具体包括以下 12 种权利：

复制权，即以印刷、复印、拓印、录音、录像、翻录、翻拍等方式将作品制作成一份或者多份复制件的权利。

发行权，指以出售或者赠予等方式向公众提供作品的原件或者复制件的权利。

出租权，指作者或其他著作权人许可他人临时使用电影作品和以类似摄制电影的方法创作的作品、计算机软件以及录音录像制品的权利。

展览权，指公开陈列美术作品、摄影作品的原件或者复制件的权利。

表演权，指公开表演作品，以及用各种手段公开播送作品的表演的权利。

放映权，指通过放映机、幻灯机等设备公开再现美术、摄影、电影和以类似摄制电影的方法创作的作品的权利。

广播权，指以有线或无线方式公开广播或者传播作品，以及通过扩音器或者其他方式向公众传播广播作品的权利。

信息网络传播权，指以有线或者无线方式向公众提供作品，使公众可以在其个人选定的时间和地点获得作品的权利。

摄制权，指以摄制电影或者以类似摄制电影的方法将作品固定在载体上的权利。

改编权，指改变作品，创作出具有独创性的新作品的权利。

翻译权，指将作品从一种语言文字转换成另一种语言文字的权利。

汇编权，指将作品或者作品的片段通过选择或者编排，汇集成新作品的权利。

三、著作权的取得和保护期限

1. 著作权的取得

中华人民共和国国家版权局

计算机软件著作权登记证书

软件名称：法腾配电管理系统 V1.0

著作权人：上海法腾电力科技有限公司

开发完成日期：2013年04月12日

首次发表日期：2013年05月09日

权利取得方式：原始取得

权利范围：全部权利

登记号：2014SR086580

根据《计算机软件保护条例》和《计算机软件著作权登记办法》的规定，经中国版权保护中心审核，对以上事项予以登记。

No. 00486584

与绝大多数国家和地区类似，我国著作权法采用了“自动保护原则”，著作权自作品创作完成之日起产生。作品一经产生，即享有著作权，既不要求登记，也不要求发表，也无须在作品复制品上加注著作权标记。

著作权这种自动取得的方式有利于节约社会成本，但这种方式也会给权利人带来维权困难。在互联网时代，由于信息传播和复制的速度非常快，作品一经广泛流传，要证明原始作者的身份就有一定困难，因此，申请著作权登记是证明作者身份的好办法之一。这种登记并不是取得著作权保护的前提条件，但登记可以作为权利人享有著作权的初步证明，在诉讼中可以作为权属证据使用。隶属于国家版权局的中国版权保护中心（网址：www. ccopyright. com. cn）是目前我国唯一的计算机软件著作权登记、著作权质权登记机构。仅 2017 年，该中心登记的作品、计算机软件著作权就分别达到 200. 2 万件和 74.54 万件。

2. 著作权的保护期限

法律对著作权的保护并不是无限期的，通常始于作品创作完成之时，止于作者死亡后一定期限。我国《著作权法》规定，作者是公民的，著作权的保护期限至作者死亡后第 50 年的 12 月 31 日；作者是法人或者其他组织的，著作权保护期限至作品首次发表后第 50 年的 12 月 31 日。但作者的署名权、修改权、保护作品完整权的保护期不受限制。作者的署名权、修改权、保护作品完整权与作者的人身联系最为紧密，即使是作者死亡后，他人也不得侵犯。

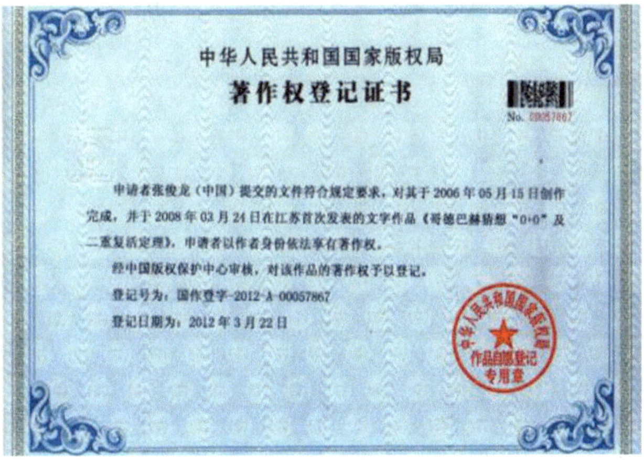
中华人民共和国国家版权局

著作权登记证书

No. 00057867

申请者张俊龙（中国）提交的文件符合规定要求，对其于 2006 年 05 月 15 日创作完成，并于 2008 年 03 月 24 日在江苏首次发表的文字作品《哥德巴赫猜想“0+0”及二素复活定理》，申请者以作者身份依法享有著作权。

经中国版权保护中心审核，对该作品的著作权予以登记。

登记号为：国作登字-2012-A-00057867

登记日期为：2012 年 3 月 22 日

四、著作权的行使和限制

作品一经问世，就会遇到如何使用的问题。通常，没有法律或合同依据，未经著作权人许可使用其作品，即构成侵权，轻则承担赔偿损失、赔礼道歉等民事责任，严重的还可能构成犯罪，承担刑事责任。

关于著作权的使用，需要了解的主要内容有：著作权的许可使用、著作权的转让、著作权的集体管理和著作权的限制。

1. 许可使用

通常情况下，使用他人作品，应当与著作权人订立著作权许可使用合同。根据合同约定，著作权人可以授权合同另一方以一定方式在一定时间 、一定范围内使用自己的作品。

实践中，有以下三种类型的许可使用：

普通许可，是指著作权人许可被许可方在约定范围和期限内使用作品，同时保留自己在同一时间、同一范围内继续使用该作品，以及许可其他人在同一时间、同一范围内使用该作品的权利。

排他许可，是指著作权人许可被许可方在约定范围和期限内使用作品，同时保留自己在同一时间、同一范围内继续使用该作品的权利，但不得另行许可其他人在同一时间、同一范围内使用该作品。

独占许可，是指著作权人许可被许可方在约定范围和期限内独家使用作品；在合同约定的范围和期限内，包括著作权人自己在内的任何其他人都无权使用该作品。

2. 著作权的转让

著作权的转让，指著作权人按照合同约定或者自己的意愿将其享有的著作权的全部或者一部分有偿或者 无偿转移给他人所有的行为。

3. 著作权的集体管理

著作权集体管理，是指著作权集体管理组织经权利人授权，集中行使权利人的相关著作权，并以自己的名义从事下列行为：①与使用者订立著作权或者相关权利的许可使用合同；②向使用者收取使用费；③向权利人转付使用著作权集体管理费；④参与涉及所管理的著作权或者相关权利的诉讼、仲裁等活动。目前，我国著作权集体管理组织有中国文字著作权协会、中国音乐著作权协会、中国音像著作权集体管理协会、中国摄影著作权协会、中国电影著作权协会等。

4. 著作权的限制

著作权的限制，是指根据法律规定，基于社会公共利益需要，在不经著作权人许可的情况下，对著作权人作品的某些使用，主要包括“合理使用”和“法定许可”。

合理使用，是指在特定条件下，法律允许他人使用著作权人的作品而不必经著作权人许可，也不必向著作权人支付报酬，但应当指明作者姓名、作品名称，并且不得侵犯著作权人其他权利的制度。我国《著作权法》第二十二条列举了“为个人学习、研究或者欣赏”“为学校课堂教学或者科学研究，翻译或者少量复制已经发表的作品，供教学或者科研人员使用”等12种合理使用的情形。

法定许可，是指使用著作权人已发表作品，可以不经著作权人许可，但应向其支付报酬并尊重著作权人其他权利的制度。我国《著作权法》第二十二条规定为实施九年制义务教育和国家教育规划编写出版教科书时，对著作权人已发表作品的法定许可使用制度。

五、邻接权

“邻接权”一词译自英文 neighboring right，又称作品传播者权，原意是指与著作权相邻的权利，主要是指作品传播者（出版者、表演者、录音录像制作者、广播电台、电视台等）在表演、传播作品过程中因其付出的智力劳动和投资所产生和享有的权利。邻接权主要包括以下几项权利：

① 出版社、杂志社等出版者对其出版的图书、期刊的版式设计所享有的权利。

② 表演者（演员、演出单位）享有的表明其表演者身份、保护其表演形象不受歪曲的权利，许可他人现场直播其表演、复制发行录有其表演的录音录像制品、通过信息网络传播其表演并获得报酬的权利。

③ 录音录像制作者享有的许可他人复制、发行、出租、通过信息网络传播其录音录像制品并获得报酬的权利。

④ 广播电台、电视台许可他人转播其播放的广播、电视或者将其播放的广播、电视录制或者复制在音像载体上并获得报酬的权利。

根据我国《著作权法》的规定，出版者享有的版式设计权的保护期为10年，截止于使用该版式设计的图书、期刊首次出版后第10年的12月31日；表演者许可他人传播其表演、复制发行其表演制品并获得报酬的权利保护期为50年，截止于该表演发生后第50年的12月31日；录音录像制品制作者许可他人复制、发行、出租、传播其录音录像制品并获得报酬的权利保护期为50年，截止于该制品首次制作完成后第50年的12月31日。表演者表明其表演身份和保护其表演形象不受歪曲的权利的保护期不受限制。

第五课 著作权的保护

国家的富强，民族的复兴，有赖于优秀文化、艺术和科学技术作品的竞相涌流。要使优秀作品百花齐放，一方面必须营造鼓励思考、鼓励想象、鼓励创新的社会环境，另一方面必须保障作者的创造性智力劳动成果获得应有的回报，保护作者的著作权不受侵犯。保护作者著作权不受侵犯最有效的办法，是让侵权人承担相应的法律责任，受到应有的处罚。这就是著作权保护的意义所在。

案例分享

乱“P”图的后果

2017年,演员林某某因四年前的一张PS图,被起诉索赔110万元。原来,2013年8月25日,林某某在微博里晒出一张PS照片,“展示”自己的光头形象,以庆祝自己的微博粉丝量达到2100万人。然而,这张照片的原图来自知名摄影师朱某某的摄影作品《中华男儿》,作品主题是展现我国侦察兵的风采,该作品还曾获得第十八届全国摄影艺术展金奖。朱某某认为,林某某的行为侵犯了自己的署名权、修改权和保护作品完整权,遂将林某某、北京某公司等诉至法院,要求追究各被告的侵权责任。

林某某在微博发表声明回应，承认自己的错误，表示当时只因觉得有趣而将网友PS的图片发出来分享，并未意识到照片是由权利人的摄影作品修改而成，现已由律师向权利人转达歉意并提出赔偿意向。

一、常见的著作权侵权行为

著作权受法律保护，但是在现实生活中，总有很多侵犯著作权的行为发生。我国《著作权法》第四十七条规定了11种侵犯著作权的行为：

① 未经著作权人许可，发表其作品的；

② 未经合作作者许可，将与他人合作创作的作品当作自己单独创作的作品发表的；

③ 没有参加创作，为谋取个人名利，在他人作品上署名的；

④ 歪曲、篡改他人作品的；

⑤ 剽窃他人作品的；

⑥ 未经著作权人许可，以展览、摄制电影和以类似摄制电影的方法使用作品，或者以改编、翻译、注释等方式使用作品的（著作权法另有规定的除外）；

⑦ 使用他人作品，应当支付报酬而未支付的；

⑧ 未经电影作品和以类似摄制电影的方法创作的作品、计算机软件、录音录像制品的著作权人或者与著作权有关的权利人许可，出租其作品或者录音录像制品的（著作权法另有规定的除外）；

⑨ 未经出版者许可，使用其出版的图书、期刊的版式设计的；

⑩ 未经表演者许可，从现场直播或者公开传送其现场表演，或者录制其表演的；

⑪ 其他侵犯著作权以及与著作权有关的权益的行为。

除了前面列举的11种侵犯著作权的行为外，我国《著作权法》第四十八条还规定了8种更加恶劣的侵犯著作权的行为：

① 未经著作权人许可，复制、发行、表演、放映、广播、汇编、通过信息网络向公众传播其作品的（著作权法另有规定的除外）；

② 出版他人享有专有出版权的图书的；

③ 未经表演者许可，复制、发行录有其表演的录音录像制品，或者通过信息网络向公众传播其表演的（著作权法另有规定的除外）；

④ 未经录音录像制作者许可，复制、发行、通过信息网络向公众传播其制作的录音录像制品的（著作权法另有规定的除外）；

⑤ 未经许可，播放或者复制广播、电视的（著作权法另有规定的除外）；

⑥ 未经著作权人或者与著作权有关的权利人许可，故意避开或者破坏权利人为其作品、录音录像制品等采取的保护著作权或者与著作权有关的权利的技术措施的（法律、行政法规另有规定的除外）；

⑦ 未经著作权人或者与著作权有关的权利人许可，故意删除或者改变作品、录音录像制品等的权利管理电子信息的（法律、行政法规另有规定的除外）；

⑧ 制作、出售假冒他人署名的作品的。

上面这 8 种行为与《著作权法》第四十七条规定的行为性质上类似，但侵权手段更为恶劣，侵权后果更为严重。当然，也将面临更为严厉的法律责任追究和惩罚。

案例分享

无中生版权还是合法维权？

“视觉中国”，初听这四个字感觉极其“高大上”，将“视觉”与“中国”相结合，一听就是“专业”和“正规”的代名词，但不想这次，它却成了网上舆论旋涡的主角。

4 月 11 日，有媒体报道称人类历史上首张“黑洞”照片终于在 200 多个国家的科学家的共同努力下拍到了！一时间朋友圈都被“黑洞甜甜圈”和感慨万千的文字刷屏了。然而，这张照片马上就被“视觉中国”定价 5000 元开始售卖了，“视觉中国”客服明确表示，我们有这张图片的版权。

在得到黑洞照片版权属于“视觉中国”的答复后，部分媒体专门跟进“黑洞照片版权事件”，“视觉中国”一看情况不妙，开始辩解称“视觉中国仅拥有编辑类使用版权，黑洞照片属于全人类”，回头火急火燎地发布了官方微博。

简单说，你只要注明图片来源：EHT Collaboration，便可自由使用，无关商业或非商业。热心网友还邮件询问欧洲南方天文台是否授权给“视觉中国”黑洞照片使用权，得到的答案是——“到目前为止没有任何自称是视觉中国代表的人联系过我们。然而，考虑到 ESO 图片的版权条件，只要写明了来源，视觉中国就可以在未经授权的情况下使用这些图像。换言之，视觉中国根本就不需要提出授权的诉求。”

这下好了，“视觉中国”原来玩了一手“信息不对称”啊，一张全人类都可以在标注来源后合理使用的“照片”在他们这里卖 5000 元一张？网友们对“视觉中国”的愤怒达到了顶峰。

原来“视觉中国”一直利用着这种“信息不对称”在进行所谓的“版权勒索”，视觉中国集团创立于 2000 年 6 月，其自成立以来所涉及围绕著作权等侵权诉讼案件达上千多起。

其中比较著名的有《今日头条》被苹果 App Store 下架事件以及煎蛋网诉讼事件。未来法律的不少客户都遇到过此类视频、图片、字体侵权问题。简单地说，就是这些侵权案件的“涉案图片”确确实实均来自“视觉中国”的图片库中，“视觉中国”以此为由称拥有这些图片的版权从而进行侵权主张。

在过往的案件中，“视觉中国”往往胜诉，但这一次“视觉中国”却败诉了。

琼瑶诉《宫锁连城》侵权

2014 年 5 月 28 日，琼瑶向北京市第三中级人民法院提起诉讼称，于正未经其许可，擅自采用《梅花烙》的核心独创情节，改编创作电视剧本，并联合其他四方被告，共同摄制、播出了电视连续剧《宫锁连城》。琼瑶认为，于正严重侵犯了她的改编权、摄制权，同时对她本人造成了极大的精神伤害，请求法院判令于正在内的五方被告立即停止侵权、消除影响、向其赔礼道歉，并赔偿经济损失 2000 万元。

同年 12 月，法院对此案做出一审判决，认定原告琼瑶是《梅花烙》的作者和著作权人，判定被告于正侵权成立，要求其致歉，并与其他四方被告连带赔偿原告 500 万元，同时立即停止电视剧《宫锁连城》的复制、发行和传播行为。一审宣判后，于正等被告不服判决，提起上诉。2015 年 12 月，琼瑶的代理律师收到北京市高级人民法院的终审判决：维持原判。

二、应对著作权侵权行为的措施

根据我国《著作权法》的规定，权利人的著作权以及与著作权有关的权利被侵犯时，可以通过司法或行政途径维护自己的著作权权益。司法途径，是指向有管辖权的人民法院提起诉讼，请求法院通过司法审判或者调解，判令被告承担侵权责任。行政途径，是指请求有管辖权的著作权行政管理部门对侵权人做出行政处罚。如果权利人有证据证明侵权者的行为已构成犯罪，还可以报请公安机关立案，启动对侵权者的刑事责任追究程序。

三、复制权是著作财产权的基础和核心

复制的第一个特征可以认为是形式再现，只有通过一定的物质形式，作品才能获得固定性并直接或者借助机械装置被感知，使原作和复制件具有明显的对比关系。从无载体到无载体的口述复制是否构成复制，与其说是著作权法上的问题，不如说是宪法上的问题，著作权人对以他人的口述为载体的复制不能进行控制，无所谓能与不能，而需要对基本人权进行考量。

复制的第二个特征可以认为是非独创性，即行为不产生新的作品，没有知识增量，而只是原作的简单重复。

复制的第三个特征可以认为是竞争性，由于复制再现了原作的表现形式，原作和复制件就会产生竞争关系，无论复制的质量如何，至少使用复制件可以实现原作的基本功能，至于是原作的全部功能还是部分功能无须关注。

复制的第四个特征可以认为是受众与作品的非直接接触性，即复制强调的是原作与复制件所具有的沿袭传承关系，而不直接表现为作品的传播。显然，从平面到立体的复制不具有功能替代性，建筑物不可能替代设计图的功能，但是从政策考量，任由复制会产生反激励效果，所以有些国家的立法认定根据设计图的施工属于复制，这可以认为是一种准复制行为。因为功能作品的价值就在于实用，实用的基本点与复制的基础性相互对应，而且立法的专门强调也似乎表明这种行为只能援用复制规制的特性。但是，伯尔尼公约规定的录音录像则满足这四个特征。1993 年《香港法律改革委员会研究报告书》针对“机械复制权”作出如下定义：它是指文学、戏剧，而最普遍是音乐作品的版权拥有人有权灌录或批准他人灌录其作品。这种权利包括授权进行任何形式的灌录活动，灌录媒体包括影碟（如激光碟）、录带（如卡式录音带、卡式录像带、影片原声带），也包括直接将电码输入可储存及可重新显现所录声音的电子线路（如手表、电子游戏机）。该定义紧密结合固定性特征和替代性，显然体现了对复制内涵的精准把握。

第五单元　知识产权保护的其他内容

第一课　植物新品种

传统的知识产权制度并不包括对具有生物活性的植物新品种的保护，而培育植物新品种要有大量的投入（包括技术劳动、物质资源、资金和时间），培育一个新品种一般需要 10—15 年甚至更长的时间，并且要使所培养的新品种具有相对稳定的遗传性，在产量、品质以及抗寒、抗旱、抗病虫害等方面具有突出的特点，育种者还要付出更多的智力劳动。如果缺乏法律的保护，育种者付出的艰辛劳动就难以得到回报，这样会打击育种者培育新品种的积极性。为了保护育种者的权利，鼓励创新，我国于 1997 年颁布了《植物新品种保护条例》。

小资料

中国首个海外注册的植物新品种

我国实施植物新品种保护以来向国外申请的第一个植物品种权——“中黄 13”是由中国农业科学院原院长王连铮研究员培育的。2005 年 4 月，王连铮研究员向韩国申请大豆新品种的植物品种权，并于 2005 年 5 月取得韩国官方的受理通知书。这是我国首次向国外申请植物新品种权。

一、植物新品种的内容

植物新品种是指经过人工培育的或者对所发现的野生植物予以开发，具备新颖性、特异性、一致性和稳定性并有适当命名的植物品种。对植物育种人权利的保护，保护对象不是植物品种本身，而是植物育种者应当享有的权利。完成育种的单位或者个人对其授权品种享有排他的独占权。任何单位或者个人未经品种权所有人许可，不得为商业目的生产或者销售该授权品种的繁殖材料，不得为商业目的将该授权品种的繁殖材料重复使用于生产另一品种的繁殖材料。植物新品种的保护也有一定的期限，藤本植物、林木、果树或观赏树木的品种权保护期限为 20 年，其他为 15 年。

植物新品种权也叫“植物育种者权利”，同专利、商标、版权一样，是知识产权的一种形式。

图片来源于 http://www. shuyang. tv/qyxw/xwmnliang/shows-12456756. html

http://nlw. xa. gov. cn/mycp/29057. htm

图片来源于 http://www. chla. com. cn/htm/2012/0416/121786. html

二、怎样获得植物新品种权

申请植物新品种权的育种者，可以直接或者委托代理机构向审批机关（国务院农业、林业行政管理部门）提出申请，提交相应的申请文件。文件内容包括植物新品种权请求书、说明书和照片。审批机关审查通过后，将予以公告，并授予证书。

申请植物新品种权可以从三方面入手：

首先，育种者应精选具有良好开发前景的品种。因为国内企业获得一个品种权，需花费6000—10000元人民币，国外企业申请时费用还要多些，而且今后还需交付年费。与农作物相比，花卉园艺作物的品种多，但种植规模有限，这笔费用还是比较高的。另外，在申请前，最好先向品种权代理事务所咨询相关事宜，以避免走弯路。代理事务所有农学、园艺、花卉、法律等专业相结合的专业人才，而且代理事务所具有信息灵、接触面广、专业性强、政府资源多等特点，不仅可以提供新品种权代理和咨询服务，更重要的是还能作为技术中介帮助品种所有者将品种权实施转让、许可、合作、开发等专业化技术工作。

其次是技术要求。一个植物品种是否为新品种，必须符合以下六个条件：①在农业或林业植物新品种保护名录范围内；②具有新颖性；③具有适当的名称；④具有特异性；⑤具有一致性；⑥具有稳定性。其中特异性、一致性、稳定性（简称“DUS”）是植物新品种的实质审查内容。这里需要强调一点，就是新颖性的问题。《植物新品种保护条例》规定，授予品种权的植物新品种应当具备新颖性。新颖性，是指申请品种权的植物新品种在申请日前该品种繁殖材料未被销售，或者经育种者许可，在中国境内销售该品种繁殖材料未超过1年，在中国境外销售藤本植物、林木、果树和观赏树木品种繁殖材料未超过6年，销售其他植物品种繁殖材料未超过4年。然而，有些国外的花卉品种上市十多年了，已经被市场广泛认可，它们希望进入中国市场，也来申请保护，这不符合我国的要求，因此不能申请。例如，荷兰一家企业到农业农村部植物新品种保护办公室申请7个菊花品种的品种权，但因不符合新颖性要求而被拒绝。但值得我国育种者注意的是，按照《植物新品种保护条例实施细则（农业部分）》的规定，自名录公布之日起2年内，申请新品种的新颖性有4年宽限期，即在申请日前4年内有公开销售行为（以发票为准）的品种都可以申请；在名录公布之日起2年以后，则只能在申请日前1年内有销售行为的品种才有权申请保护。

第三是关于申请核心的内容。以农业方面申请新品种保护为例，申请时新品种要有适当的名称；申请人要对新品种的来源交代清楚，结合系谱图，详细叙述并公开申请品种的亲本来源、选育办法、步骤等；申请时还应详细描述近似品种的特征特性；近似品种要与申请品种在形态学特征和植物学特性方面具有最相近性，要与申请品种有血缘关系，并为公知共用的已有品种。除此之外，在申请时还要叙述有关销售情况说明，对新品种的特异性、一致性、稳定性的详细说明，适合种植地区以及栽培要点的说明等，同时还要提供照片。

三、发生侵权后的处理

未经品种权利人许可，以商业目的生产或者销售授权品种的繁殖材料的，品种权利人或者利害关系人可以请求省级以上人民政府农业、林业行政管理部门依据各自的职权进行处理，也可以直接向人民法院提起诉讼。

假冒授权品种的，由县级以上人民政府农业、林业行政管理部门依据各自的职权责令停止假冒行为，没收违法所得和植物新品种繁殖资料，根据情节轻重，处以罚款；情节严重，构成犯罪的，依法追究刑事责任。

案例分享

辽宁首例植物新品种侵权案取得胜诉

2010年3月29日，辽宁省大连市中级人民法院审理的辽宁首例植物新品种侵权案以张某的胜诉告终。张某所经营的大连某植物新品种科技开发有限公司坐落于大连市经济开发区。基于多年对林业的热爱和对新品种开发的探索，张某及该公司通过初选与集中栽培、埋条繁育子代、人工嫁接选择、扦插扩繁等方式，用了十年的时间，终于成功选育出叶缘金黄色彩叶植物新品种——金连翘和金缘连翘。该项成果在2001年12月获得大连市政府的表彰，并于2004年7月获得国家林业局颁发的植物新品种权证书。

2009年5月的一天，当地街道办事处在动迁尚未达成协议、未经评估的情况下，对该公司进行了强行拆迁。这导致公司具有植物新品种权的5800余株金连翘目树全部损毁，造成该授权品种母本种源丧失，直接经济损失800多万元。张某依法提起诉讼后，大连市中级人民法院高度重视这一特殊形式的知识产权侵权案件。法庭经过调查取证，采信专家意见，充分论证，做出一审判决：判令当地街道办事处赔偿公司法人和品种权人张某相关损失。

想一想

1. 授予植物新品种权的法定条件是什么？
2. 植物新品种权的概念与制度内容有哪些？
3. 简述植物新品种权的归属、限制、终止情形。

第二课　商业秘密

一、什么是商业秘密

前面提到的专利、商标、版权都是公开的，也有一定的期限。但是，有些智力成果不能以公开的形式出现，权利人可以采用商业秘密的形式来保护。

按照《反不当竞争法》的规定，商业秘密是指不为公众所知悉，能为权利人带来经济利益，具有实用性并经权利人采取保密措施的技术信息和经营信息。技术信息包括生产配方、工艺流程、技术诀窍及设计图纸等；经营信息包括管理方法、产销策略、客户名单及货源情报等。

小资料

可口可乐的商业秘密

可口可乐的配方自1886年在美国亚特兰大诞生以来，已保密长达120多年之久。它的配方对世人来说一直是个谜，就是可口可乐公司内部也没有几个人知道。为了保住这一秘方，可口可乐公司的元老罗伯特·伍德拉夫在1923年成为公司领导人时，就把保护秘方作为首要任务。公司将这一饮料的发明者约翰·潘伯顿的手书藏进了银行保险库，并声明如果谁要查询这一秘方必须提出申请，经由公司董事会批准，才能在有关人员到场的情况下，在指定的时间打开。据说，配方的核心技术是在可口可乐中占比例不到1%的神秘配料。如今，公司里只有几个人知道此配方，他们与公司签署了“永不泄密”的协议。可口可乐公司在技术合作或经济贸易中，只提供用最关键技术制出的半成品给对方，而不告知生产半成品的技术诀窍。被许可生产可口可乐的厂家，只能获得将浓缩的原浆（半成品）配成可口可乐成品的技术和方法，而不能得知原浆生产的配方及技术。可口可乐公司在世界各地设了很多分公司，但是所有这些分公司都必须从美国进口生产好的可口可乐的原浆，然后按公司要求配成成品，分装后再出售。如此严格的保密措施，让其配方一直成功地保持了“神秘”，成为可口可乐百年不倒的“定海神针”。

二、商业秘密的特点

从上述故事，可以看出商业秘密具有以下特点：

① 非公开性，商业秘密的前提是不为公众所知悉；

② 经济性，该秘密能使权利人获得利益，取得竞争优势，或具有潜在的商业价值；

③ 保密性，合法控制该秘密的权利人采取了合理的保密措施；

④ 期限保护，商业秘密的保护期限不是法定的，取决于权利人的保密措施和其他人对此项秘密的公开。

三、技术秘密

技术秘密是商业秘密的重要内容之一。技术秘密最早被称为“know-how”，它是指未被拥有人所公开的，处于保密状态下的技术情报、技术数据、技术诀窍、产品设计方法、工艺流程及配方、质量控制和技术管理等方面的知识。

技术秘密具有以下特点：

① 价值性，这是技术秘密的生命所在，它给拥有者带来商业价值；

② 秘密性，即该种技术不能从公开的渠道直接获得，并不被相关领域的技术人员所知；

③ 权利拥有人采取了保密措施，即在防止外部侵入和内部泄露两方面都采用了相应的保密手段。例如，制定了内部的保密规章制度，与相关人订立了保密合同，对涉及技术秘密的关键部门和场所有严格的管理制度等。

“可口可乐之谜”在知识产权领域属于技术秘密。可口可乐配方的所有者希望这种饮料会长久畅销，但选择什么方式保护呢？如果将可口可乐的生产技术申请专利，就必须将可口可乐的配方向全世界公开，即使获得专利权，保护期限最多也只有 20 年。于是配方所有者就把这个谜作为技术秘密保护起来，一直到今天。

既然用技术秘密的方式保护新技术的效果如此之好，那么，能不能将所有的新技术都用技术秘密保护起来，不用再申请专利了？答案是：不行。为什么呢？这是因为，要用技术秘密来保护新技术，要求很严格，而且存在风险。也许下一个故事会给大家更多的启发。

案例分享

小明和小林两人都在大明的美味雪糕公司当技术工程师，负责研制新雪糕。他们经过无数次试验，终于研制出一种雪糕的新配方，用这个配方做出的雪糕又香又滑，人们都很爱吃，公司的营业额也成倍增长。美味雪糕公司的总经理大明想向可口可乐公司学习，以技术保密保护新配方，希望能长时间地保密。他认为这样比申请专利的效果更好。

大明采取了哪些措施进行保密呢？

首先，大明在公司制定了一套完整的保护该配方的规章制度，对技术资料的存放、使用、转移等环节都采取了严格的管理办法。然后，他告诉小明和小林：他们研制出来的雪糕新配方是公司的保密项目，他们有义务为公司保密。大明还代表公司与小明和小林签订了一份《技术秘密保护协议》。

大明认为自己已经采取了足够的措施来保护新配方，他放心了。可是不久以后，意外就发生了。

两个月后，大明公司的竞争对手大毛公司在市场上推出了一种新型雪糕，也是又香又滑，味道好极了，大明公司的雪糕销量下降了。大明很生气，但是经过调查发现小明和小林都没有泄露该配方。那是怎么回事呢？原来，大毛公司自己组织科研人员进行攻关，也开发出同样的配方。因为没有专利保护，大明不能禁止大毛公司使用该配方。

读了上面的故事，可以知道：① 用技术秘密的方式保护新技术要采取严密的措施。② 采用技术秘密的方式保护新技术不能阻止他人通过合法渠道开发出同样的新技术并进行应用，因此存在风险。

案例分享

“景泰蓝”生产工艺被盗窃了。景泰蓝是我国特有的传统工艺美术品，已有五百多年历史，它以工艺精细复杂、色泽晶莹瑰丽而驰名中外，其生产工艺是工艺匠人历经几十代人的心血逐步完成的，很独特。用这些工艺做出来的花瓶、器皿精致耐看，永不褪色，在世界上享有盛誉。很多外国客商慕名前来我国参观，有时外国厂商要求到生产车间参观，厂家考虑到要搞好和客商之间的关系，就满足了客商的要求。有些客商不但参观生产工艺的过程，还进行记录和摄像。令生产厂家意想不到的是，外国客商在参观的过程中掌握了这种工艺的制作方法，他们回国后也生产起了景泰蓝。这就是偷取了我国独有的生产工艺，令我国受到了极大的损失。

此外，还有一个故事是关于中国宣纸的。宣纸本是我国特产，有“千年寿纸”“纸中之王”的美称。日本人对这个秘密垂涎已久，曾多次派出情报人员到安徽宣州活动，但连连碰壁。谁知一批日本人到浙江一造纸厂却受到特别款待，造纸厂有问必答，连技术细节也言无不尽，临别又赠造纸原料的样本。日本人就这样轻而易举地获得了宣纸的生产工艺。如今，日本已成为宣纸的生产国。

这种事例还有很多，这都是由于我国企业的知识产权意识淡薄，没有做好保密工作，使自己的合法权益受到严重损失，吃了亏也只好哑巴吃黄连，有苦说不出。

所以，对于我国特有的一些传统工艺，要特别提高知识产权保护意识，做好技术保密工作，以防止技术秘密被他人窃取。

四、侵犯商业秘密的行为及应当承担的法律责任

我国《反不正当竞争法》以及国家市场监督管理总局《关于禁止侵犯商业秘密行为的若干规定》指出，经营者不得采用下列手段侵犯商业秘密：

① 以盗窃、利诱、胁迫或者其他不正当手段获取权利人的商业秘密；

② 披露、使用或者允许他人使用以前项手段获取的权利人的商业秘密；

③ 根据法律和合同，有义务保守商业秘密的人（包括与权利人有业务关系的单位、个人，在权利人单位就职的员工）披露、使用或者允许他人使用其所掌握的商业秘密，第三人明知或应知前款所列违法行为，仍获取、使用或者披露他人的商业秘密，视为侵犯商业秘密。

任何人实施侵犯商业秘密的行为都应当承担相应的法律责任。对侵犯商业秘密的不正当行为，工商行政管理机关可以给予行政处罚（包括责令停止违法行为，根据情节处以罚款1万~20万元），并可对侵权物品做出处理。权利人还可依照《合同法》《劳动法》的有关规定，对违反约定侵犯商业秘密的行为要求制裁。此外，我国《刑法》第二百一十九条规定了侵犯商业秘密罪，对有侵犯商业秘密的行为之一，给商业秘密的权利人造成重大损失的，追究刑事责任。

案例分享

辽宁一企业商业秘密被侵犯获赔45万元。2015年2月，刘某被聘为沈阳某化工有限公司高管，掌握公司的大量商业秘密，该公司遂与刘某签订了一份《保密合同》，明确约定：刘某离职后承担保密义务的期限为自离职之日起的两年内，违约金为刘某任职期间最高年度收入的50倍。2017年4月，刘某提出离职。同年5月，沈阳某化工厂注册成立，公司的法定代表人是刘某的妻子，刘某则是公司的股东，任监事一职。沈阳某化工厂成立后，刘某利用在原企业任职期间所掌握的大量核心信息，从事着与原企业经营活动内容几乎完全一致的业务，获取了较高利润。原企业遂以“商业秘密被侵犯”为由将刘某夫妇起诉到法院，请求判令沈阳某化工厂停止实施不正当竞争行为，刘某立即停止披露、使用其所掌握的

原告的商业秘密，赔礼道歉，以及判令刘某夫妇赔偿各项经济损失。法院认为，被告的行为已构成对原告商业秘密的侵犯，形成了不正当竞争，应当承担赔偿责任。最后法院对此案以调解方式结案，刘某同意停止侵权，并向原企业书面赔礼道歉，支付赔偿金45万元。

商业秘密是企业的无形资产，企业的保密措施非常重要。应建立健全企业保护商业秘密的组织、制度以及措施，要同涉密员工签订保密协议（如：要求员工不能利用公司的商业秘密成立自己的企业，不能利用商业秘密为竞争企业工作等，而且保密协议在员工离职后的一定期限内仍然有效）。这样，万一企业商业秘密被侵犯，通过法律途径解决时就有据可依了。

想一想

1. 选择技术秘密保护还是申请专利？

某企业在生产中有一些独门绝技，还有一些新技术，选择什么方式来保护自己的智力成果呢？这还真费了不少心思，下面是他们对技术秘密和申请专利的比较，请大家结合前面的学习内容进行思考和讨论，看看还有没有要补充的建议。

	技术秘密	申请专利
保护措施	企业自己采取保密措施	需要向专利局申请，获得授权后才能得到保护
技术方案	不必公开技术方案	具有公开性，必须向社会充分公开技术方案
技术特点	不一定是最新的技术，具有商业价值	专利技术具有新颖性、创造性、实用性，缺一不可
保护期限	保护期限不是法定的，如果技术秘密权利人保护措施得力和技术本身的应用价值较高，可以延续很长时间	具有时效性，有一定的保护期限（最长20年）
法律保护	出现泄密时，可依据《反不正当竞争法》追究责任，但无法避免本企业以外的其他人做出同样的发明创造	具有独占性，《专利法》明确规定了专利权的保护范围，有利于解决侵权纠纷

续表

	技术秘密	申请专利
适用范围	对于不容易被仿制的发明创造，可以考虑技术保密保护方式，如一些化工产品和配方，一些特殊加工工艺、装配技术，还有些特殊诀窍等	如果构思独特，但结构简单而容易仿制，如一些机械产品、大型装置，同行业的人一看就明白，无法保守秘密，应该及时申请专利

2. 什么是商业秘密？有何特点？

3. 我国法律所规定的商业秘密的构成要件是什么？

第三课　地理标志

我国是一个拥有丰富资源的发展中国家，多样的气候和地理条件以及悠久的历史传统和民族文化，共同造就了众多的地方名优特产，其中还有许多产品在世界上享有盛誉，如陕西苹果、醴陵瓷器、贵州茅台酒、四川五粮液酒、浏阳花炮、景德镇瓷器、西湖龙井茶、安溪铁观音、中宁枸杞、库尔勒香梨等。对地理标志的保护是为了保护生产者和消费者的合法权益，促进经济发展。

小资料

由中国农业品牌研究中心、农业部信息中心与浙江大学农业品牌研究中心联合开展的“2012地理标志品牌价值”认证中，“涪陵榨菜”获得123.57亿元品牌价值的评价。“涪陵榨菜”凭什么获得这么高的价值评价？农业部信息中心相关负责人称，对农产品地理标志品牌的评估有10个指标，比如品牌的忠诚度、品牌收益、品牌强度、产业发展状况，以及农民收入，带动市场的占有率，占当地农民、农村收入的比例等。涪陵地区有农民近70万人，榨菜占农民收入的17%，而且市场占有率非常高。

目前，国家市场监督管理总局和农业农村部以及各自下属的具体执法部门分别承担了地理标志相关的申请注册和使用管理等工作。

一、地理标志的概念

我国《商标法》所称地理标志，是指标志某商品来源于某地区，该商品的特定质量、信誉或者其他特征，主要由该地区的自然因素或者人文因素所决定的标志。

2007 年，国家工商行政管理总局对外公布地理标志产品专用标志——“中国地理标志（GI）”，并同时发布《地理标志产品专用标志管理办法》，规定凡经国家工商行政管理总局商标局已发核准注册的地理标志注册人的集体成员或经注册人许可的地理标志产品生产者、经营者均可使用该标志。专用标志应与地理标志一同使用，不得单独使用。已注册地理标志的合法使用人可以同时在其他地理标志产品上使用该专用标志，并可以标明该地理标志注册号。

案例分享

“宝坻三辣”有了地理标志“身份证”。2011 年 8 月 11 日，是一个让天津宝坻农民异常激动的日子，“宝坻大葱”“宝坻大蒜”“宝坻天鹰椒”顺利通过国家工商行政管理总局商标局的审核，获准注册为地理标志证明商标。宝坻六瓣红大蒜、五叶齐大葱和优种天鹰椒简称“三辣”。历时一年半的努力，“宝坻三辣”终于有了地理标志“身份证”。如今，带着地理标志的“三辣”已畅销全国，其地理标志证明商标已经成为宝坻农民增收致富的“金钥匙”。

“赣南脐橙”地理标志商标专项保护行动启动，据《中国工商报》2013 年 12 月 9 日报道，国家工商行政管理总局在全国部署开展“赣南脐橙（及图）”地理标志商标专项保护行动，有针对性地查处损害消费者权益和扰乱市场秩序行为。

脐橙产业是江西赣州市四大支柱产业之一，已成为当地引领农业现代化产业集群发展、广大果农增收致富的重要渠道。“赣南脐橙（及图）”地理标志商标于 2009 年由国家工商行政管理总局商标局核准注册，2011 年被国家工商行政管理总局商标局认定为中国驰名商标。

二、地理标志保护产品

国家市场监督管理总局从监管、保证产品质量的角度对原产地标志实施认定和注册的制度，对通过认证的企业许可使用“原产地产品”专用标志，以增强获得认证的产品在市场上的产地来源识别性。我国自 2005 年 7 月 15 日起实行《地理标志产品保护规定》，并从同年 11 月 1 日起公布开始使用地理标志保护产品专用标志——“中华人民共和国地理标志保护产品”。

按照《地理标志产品保护规定》，地理标志产品是指产自特定地域，所具有的质量、声誉或其他特性本质上取决于该产地的自然因素和人文因素，经审核批准以地理名称进行命名的产品。包括：① 在特定地域种植、养殖的产品；② 原材料全部来自该地区，并在该地采用特定工艺生产；③ 原材料部分或全部来自其他地区，但在该地采用特定工艺生产和加工。产品类别一般包括：种植、养殖类产品，初加工产品，加工食品，酒类，茶叶，中药材，工艺品及传统产品，等等。

小资料

如何保护“中国地理标志保护产品”？国家市场监督管理总局统一管理全国的地理标志产品保护工作。各地出入境检验检疫局和质量技术监督局（以下简称各地质检机构）依照职能开展地理标志产品保护工作。

获得使用专用标志资格的生产者，应在产品包装标识上标明“国家地理标志保护产品”字样以及地理标志产品名称。地理标志产品专用标志使用的有效期为 5 年，有效期满前 6 个月，使用者可向产品所在地质检机构提出申请，经省质检局报国家市场监督管理总局审核备案；审核不合格的，取消专用标志使用资格；到期不申请的，有效期至届满为止。

各地质检机构依法对地理标志保护产品实施保护。对于擅自使用或伪造地理标志名称及专用标志的，不符合地理标志产品标准和管理规范要求而使用该地理标志产品名称的；或使用与专用标志相近、易产生误解的名称或标识及可能误导消费者的文字或图案标识，使消费者将该产品误认为地理标志保护产品的行为的，各地质检机构将依法进行查处。社会团体、企业和个人可监督和举报。

三、农产品地理标志

我国《农业法》规定，符合规定产地及生产规范要求的农产品可以依照有关法律法规申请使用农产品地理标志。农业部于2007年12月发布了《农产品地理标志管理办法》，农产品地理标志登记申请人为县级以上地方人民政府根据具体条件择优确定的农民专业合作经济组织、行业协会等组织，农业部接受申请并颁发“农产品地理标志”专用标志。

如果在产品上使用上述标志，要按照国家规定去申请并经审核批准，在有效期内规范使用。对于地理标志的保护则依照相关法律规定执行。

四、知识产权海关保护

为了加强知识产权保护，许多国家建立了符合世界贸易组织规则的知识产权边境保护制度，即知识产权海关保护，海关依法采取措施禁止侵犯知识产权的货物进出口。

1995年10月，我国颁布实施了《知识产权海关保护条例》。按照该条例的规定，权利人所拥有的知识产权如受到侵犯，除向人民法院或者知识产权行政管理机构请求法律救济外，也可以向中国海关申请采取知识产权海关保护措施。

目前，我国海关保护的知识产权与进出口货物有关，并保护受我国法律、行政法规保护的商标专用权、著作权和与著作权有关的权利以及专利权。此外，根据《奥林匹克标志保护条例》和《世界博览会标志保护条例》的规定，我国海关也对奥林匹克标志和世界博览会标志实施保护。

我国知识产权海关保护，针对的是进出口货物是否侵犯他人知识产权。这为知识产权权利人提供了一种保护措施。

案例分享

黄埔海关查获假冒“NIVEA”“MONTBLANC”商标轻工产品案

2010年7月，黄埔海关接到知识产权权利人举报，称有一批假冒日化产品即将在黄埔老港海关出口。7月20日，黄埔海关隶属老港海关对某贸易有限公司申报出口至东南亚的集装箱进行检验，发现假冒11个品牌的侵权嫌疑货物16.4万件，其中包括假冒“NIVEA”商标的唇膏10.6万件，假冒“MONTBLANC”商标专用权的箱包1730件。黄埔海关在对侵权嫌疑货物进行清点后，立即通知权利人对货物的侵权状况进行确认，并及时将案件通报广州市公安局积极犯罪侦查支队处理。

上海海关查获两起南非世界杯足球赛商标侵权案

2009年，上海海关接连查处了两起侵犯2010南非世界杯足球赛商标专用权的案件，查获侵权足球2000只。

10月30日，深圳某公司以一般贸易方式申报出口挪威的足球报关单引起上海浦东国际机场海关审单关员的注意。虽然货主特地在申报品名中注明为无品牌足球，但海关关员凭借丰富的审单经验，经过细致的风险分析，决定核对品牌真伪。现场查验关员查验时，果然在1000只足球上发现了醒目的“SPUTH AFRICA 2010”商标。11月4日，商标权利人——国际足球联合会致函上海海关，正式确认该批货物上使用的南非世界杯标志未经授权，并向海关申请扣留该批货物。

11月25日，上海浦东外高桥港区海关又查获了广东省某公司以一般贸易方式申报出口毛里求斯的1000个标有“WORLD CUP 2010”标志的足球。后经国际足球联合会确认，此批货物侵犯了其商标专用权。据悉，为掩人耳目，出口商故意将足球与跳绳等其他体育用品混装在一个集装箱内，给海关检查带来很大困难。经风险分析后，查验关员判定该批货物存在侵权高风险，并决定对其进行掏箱检查。经清查，最终查获了侵权足球。

中国海关对知识产权的保护有“依申请保护”“依职权保护”两种形式。“依申请保护”，是指知识产权权利人发现侵权嫌疑货物即将进出口时，根据《知识产权海关保护条例》的规定向海关提出采取保护措施的申请，由海关对侵权嫌疑货物实施扣留的措施。由于海关对依申请扣留的侵权嫌疑货物不进行调查，知识产权权利人需要就有关侵权纠纷向人民法院起诉，所以“依申请保护”也被称作海关对知识产权的“被动保护”模式。

“依职权保护”，是指海关在监管过程中发现进出口货物有侵权在海关总署备案的知识产权的嫌疑时，根据规定，主动中止货物的通关程序并通知有关知识产权权利人，并根据知识产权权利人的申请对侵权嫌疑货物实施扣留的措施。由于海关依职权扣留侵权嫌疑货物属于主动采取措施制止侵权货物进出口，而且海关还有权对货物的侵权状况进行调查和对有关当事人进行处罚，所以“依职权保护”也被称作海关对知识产权的“主动保护”模式。知识产权权利人向海关申请采取依职权保护措施前，应当将其知识产权及其他有关情况向海关总署进行备案。

找一找

1. 家乡的地理标志有哪些？可以到当地工商局、农业局、质量技术监督局进行调研、了解。

2. 在地理标志产品保护政府网（http://kjs.aqsiq.gov.cn/dlbzcpbhwz）上了解自2005年7月《地理标志产品保护规定》实施以来至2018年12月31日，批准的地理标志保护产品。

想一想

1. 试述地理标志权的概念与制度内容。
2. 在商品上使用原产地名称的条件是什么？
3. 简述货源标记和原产地名称的区别。

第四课　集成电路布图设计

一、集成电路

1952 年，英国雷达研究所的一位科学家提出了集成化的设想：按照电子线路的要求，将一个线路中所包含的晶体管和二极管以及其他必要的元件集合在一块半导体晶片上，从而构成一块具有预定功能的电路。1958 年，美国得克萨斯仪器公司的基尔按照这一设想，使用一根半导体硅单晶制成了一个相移振荡器，它包含的四个晶体管等元器件已不再需要用金属导线相互连接，集成电路从此产生了。

1. 集成电路的定义

对于集成电路的定义，各国立法不尽相同，其解释也多种多样。我国于 2001 年 3 月 28 日通过的《集成电路布图设计保护条例》规定，集成电路是指半导体电路，即以半导体材料为基片，将至少包含一个有源元件的多个元件和部分或全部元件的互联线路集成在基片之中或基片之上，以执行某种电子职能的中间产品或者最终产品。集成电路一般分为混合集成电路和半导体集成电路。其中，半导体集成电路无论在用途、功能方面还是在产量、市场份额等方面都绝对占有统治地位，以至于人们常常以半导体集成电路作为电子工业发展水平的里程碑或者标志。对集成电路立法的国家，也多针对半导体集成电路进行立法。

2. 集成电路的制作过程

集成电路的制作一般要经过以下几个步骤：

① 确定所设计的集成电路的功能和规格，进行系统设计；

② 设计实现这些功能的逻辑图；

③ 进行电路设计；

④ 芯片三维布图设计，即将电路图中多个元器件合理分配在多个叠层中，并使其互联，画出每层电路布图设计图并进行验证；

⑤ 制作用于生产芯片的掩模板；

⑥ 利用掩模板将布图设计逐层制作于半导体片上，成为芯片；

⑦ 芯片检测；

⑧ 封装后为实用的集成电路。

二、集成电路布图设计

所谓布图设计，是集成电路布图设计的简称，各国对之称谓不尽相同。世界上最早立法保护集成电路的三个国家中就分别采用了三种不同的叫法：美国人称其为掩膜作品（mask work）；日本人则使用了线路布局（circuit layout）的提法；瑞典人使用的是布图设计（layout design）。但这并不算结束，随后跟进的欧共体却又使用了形貌结构（topography，也有译作拓扑图或者构型的）这一名称。在这多个术语中，中国与世界知识产权组织的《集成电路知识产权条约》保持一致，采用了布图设计的称谓。

布图设计

具体来说，布图设计是指一种体现集成电路中各种电子元件（包括有源元件和无源元件）的三维配置方式的图形。这种“配置方式”本身可以以一种信息状态存在于世，不像其他有体物必须占据一定空间。当它附着在一定的载体上，就可为人所感知。布图设计在集成电路芯片中表现为一定的图形。

集成电路芯片的设计一般分为两个步骤。第一步骤称为逻辑设计，它是根据该集成电路芯片所要执行的功能，利用导线将一些基本逻辑组件连接在一起，最后列出所有逻辑组件的连接网表。第二步骤称为布图设计，它是根据第一个逻辑设计所提供的网表，根据所选择的电路及具体的工艺条件，对芯片里所有的逻辑组件及其之间的连线进行几何配置和布图。

三、集成电路布图设计的基本特性

1. 无形性

布图设计的创造是一项复杂的智力活动，布图设计可以固定在磁盘、磁带、掩膜上，也可以固定在集成电路产品中。但这些介质与掩膜仅仅是布图设计的载体，是智力活动成果的表现形式，是物化了的智力成果，而布图设计本身是无形的，这与著作权法上的作品有类似之处。如果不区分布图设计和按布图设计制造出来的集成电路产品，必然会引起认识上的混乱，因为基本范畴的混淆容易导致对法律制度的误解。

2. 可复制性

布图设计具有可复制性，但其可复制性与一般著作权客体的可复制性不同。当布图设计的载体为掩膜板时，它以图形方式存在，这时只要对全套掩膜板加以翻拍，即可复制出全部的布图设计。当布图设计以磁盘为载体时，同样可用通常的拷贝方法复制。当布图设计的载体为集成电路芯片时，它同样可以被复制，只是复制过程相对复杂一些。

3. 表现形式的非任意性

布图设计是与集成电路的功能相对应的，其以图形的方式存在于集成电路芯片中或掩膜板上。但是，布图设计的表现形式要受到电路参数、实物产品尺寸、工艺技术水平、半导体材料结构和杂质分布等技术因素和物理规律的限制，因此开发新的功能相同或相似的集成电路，其布图设计不得不遵循共同的技术原则和设计原则，有时还要采用相同的线宽，甚至采用相同的电路单元。因而，布图设计的表现形式具有非任意性的特征，这也造成了对布图设计侵权认定难度的加大。

4. 创造性与实用性

第一块集成电路虽然只有 7 个元件，并且只是运用了平面化的技术进行布图设计，但其新颖性、创造性与实用性是显而易见的。现今集成电路的高度集成与三维构造可以说更具新颖性、创造性和实用性。受法律保护的布图设计，要求必须是设计人创造的，有自己的独特之处；与以往的布图设计相比，它还要有一定的进步性和新颖性。需要指出的是，由于一个集成电路是由很多基本单元组成的，因而除了一部分集成电路及其布图设计具有新颖性、创造性和实用性之外，其他大部分的创造性程度并不高。

四、集成电路布图设计的法律保护

集成电路布图设计保护模式选择：由于布图设计具有无形性的特征，所以无法纳入以有体物为客体的财权权利所保护的对象，如果通过保护布图设计的载体、含有集成电路的物品以及集成电路产品等途径，达到保护布图设计的目的，其意义有限。针对集成电路布图设计表现形式的无形性和构成内容的财权性与创造性，只能求助于无形财产权（知识产权）的法律模式来保护布图设计。但是，无论是利用著作权法保护模式，还是利用专利法保护模式，抑或利用反不正当竞争法保护模式，均无法达到有效保护布图设计的目的。

1. 著作权法保护模式

我们知道，布图设计要想获得著作权法的保护，其前提是符合著作权法所规定的作品受保护的条件。尽管各国的立法文本对作品的表述不尽相同，但大多数国家一般将独特性与可复制性作为判断作品能否受到著作权法保护的两项条件。通过前面关于布图设计基本特性的分析可知，布图设计具有一定的独创性（创造性）和可复制性，与著作权法上的作品的特征相近。但是除此之外，布图设计还有自己如下的个性特征：

① 布图设计表现形式的有限性。这种表现形式的有限性主要表现在以下几个方面：一是布图设计图形的形状及其大小受到集成电路功能参数要求的限制；二是布图设计受到生产工艺水平的限制；三是布图设计还受到一些物理定律以及材料类别及其特性等多种因素的限制。

② 布图设计更新换代较快。

③ 布图设计受保护的前提是必须登记或经过一定时期的商业利用。

2. 专利权法保护模式

集成电路产品自身的特点，使其绝大多数难以满足专利制度所提出的要求。集成电路产品对于实用性和新颖性要求都不会有太大问题，问题的症结在于创造性。依照专利法的要求，具备创造性的产品必须在技术上具有突出的实质性特点和显著的进步。这一要求导致大多数集成电路品种无法得到专利法的保护。具体原因有：

① 集成电路的制造者和使用者，在通常情况下最为关心的是集成电路的集成度或者集成规模的大小。

② 在集成电路设计中，尤其是设计一些规模较大的电路时，设计人常常采用一些现成的单元电路进行组合。

3. 反不正当竞争法保护模式

一般认为，“秘密性”是技术秘密与专利技术及其他知识产品最显著的区别，维持技术秘密价值的方式主要是保持秘密状态。然而，含有布图设计的集成电路产品虽然是一种科技产品，有一定的布图设计技术因素，但该产品一旦投入流通领域用于销售，其布图设计就会为公众所知，为相关领域普通技术人员所了解，无法再作为技术秘密为反不正当竞争法所保护。

五、关于集成电路布图设计保护的立法例

美国是世界上最早对集成电路进行单独立法予以保护的国家，现在这种模式已成为世界各国的通行做法。1984 年，美国率先通过了《半导体芯片保护法》。日本

于1985年5月31日颁布了《半导体集成电路的线路布局法》。欧共体也于1986年12月16日颁布了《关于保护半导体芯片产品拓扑图的委员会指令》，两天后，瑞典以专门立法的形式颁布了《半导体布图设计保护法》，德国、荷兰、法国、西班牙等国也陆续以专门立法的形式出台了保护布图设计的法律。此外，南非于1993年颁行的《外观设计法》也对集成电路布图设计进行了规范。

从有关国际组织立法来看，世界知识产权组织早在1985年就开始研究对集成电路布图设计的法律保护问题，并于1989年5月26日在华盛顿通过了《关于集成电路的知识产权公约》（即《华盛顿条约》）。1994年，世界贸易组织（WTO）达成了《与贸易有关的知识产权协议》（TRIPS），该协议的第三十六条，以排除方式反向规定了集成电路布图设计人的权利保护范围。

六、我国关于集成电路布图设计保护的立法例

我国早在1991年就已将半导体集成电路布图设计保护条例列入了立法计划。经过十年的酝酿，我国的《集成电路布图设计保护条例》终于于2001年3月28日由国务院第36次会议通过，并于2001年10月1日起施行。

这是目前我国保护集成电路布图设计知识产权的一部重要法规。虽然它是一部行政法规，但经过试行一段时间条件成熟后，将之上升为法律的形式是必然的趋势。我国采用专门立法的形式保护集成电路布图设计既尊重了国际知识产权保护的原则，又便于与国际法律接轨，而且这部条例既保护了集成电路布图设计专有权人的权益，又考虑到了国家和公众的利益，使技术进步不再受到人为的限制。

1. 集成电路布图设计专有权

（1）集成电路布图设计专有权的概念

布图设计专有权就是布图设计的创作人或者其他权利人对布图设计所享有的权利，具体来说，就是指国家依据有关集成电路的法律规定，对于符合一定手续和条件的布图设计，授予其创作人或其他人在一定期间对布图设计进行复制和商业利用的权利。

（2）集成电路布图设计专有权的要素

布图设计专有权的要素包括三个，即布图设计专有权的主体、客体和内容。

① 布图设计专有权的主体，即布图设计权利人，是指依照集成电路布图设计保

护法的规定，对布图设计享有专有权的自然人、法人或其他组织。

根据我国《集成电路布图设计保护条例》的规定，能够享有布图设计专有权的人主要有以下几类：

布图设计创作者或合作创作者；

主持创作布图设计的法人或组织；

经约定可以享有权利的委托人；

以上主体的权利继受人。

另外，我国法律还规定外国人创作的布图设计首先在中国境内投入商业利用的，依照我国的法律可享有布图设计专有权。外国人创作的布图设计其他作者所属国同中国签订有关布图设计保护协议或与中国共同参加有关布图设计保护的国际条约的，也可依我国法律享有布图设计专有权。

② 布图设计专有权的客体。我国《集成电路布图设计保护条例》规定，布图设计专有权的客体是具有独创性的布图设计。这一规定与世界知识产权组织的《集成电路知识产权条约》中的规定是一致的，我国已是该条约的正式签字国。

我国法律对布图设计的保护，不延及思想、处理过程、操作方法或者数学概念等。具体来说，一项布图设计要取得专有权，必须具备以下条件：实质要件，申请保护的布图设计必须具有原创性。具有原创性包括两层含义：一是指该布图设计必须是创作人自己智力劳动的成果，而非简单复制他人的布图设计。二是指该布图设计应具备一定的先进性，即它在创作完成时不能是当时集成电路产业中常用的、显而易见的或为人所熟知的。形式要件，即取得保护的布图设计在形式上必须具备的条件。我国以登记作为布图设计取得权利保护的形式要件，并已规定了一套类似计算机软件版权登记的布图设计权登记制度。

③ 布图设计专有权的内容。布图设计专有权的内容即指布图设计专有权的具体权能。根据《集成电路布图设计保护条例》的规定，我国的布图设计专有权的权能主要包括：

复制权，即权利人有权通过光学的、电子学的方式或其他方式来复制其受保护的布图设计或者含有该布图设计的集成电路。

商业利用权，即布图设计权人享有的将受保护布图设计以及含有该受保护的布图设计的集成电路或含此种集成电路的产品进行商业利用的权利。

2. 集成电路布图设计专有权的取得方式与程序

一项集成电路布图设计完成后，并不能当然取得专有权，还必须履行一定的手续。从目前各国保护集成电路的法律规定来看，布图设计专有权的取得方式通常有三种：

（1）登记制

多数制定集成电路布图设计保护法的国家，采取了登记制。布图设计专有权的登记取得程序一般包括申请、审查、登记和公告、对驳回申请的复查、登记的撤销这几个阶段。其中审查制度可分为形式审查制度和实质审查制度。我国《集成电路布图设计保护条例》规定的是对申请进行初步审查，并没有明确其是形式审查还是实质审查，但做一般理解，应只是形式审查。

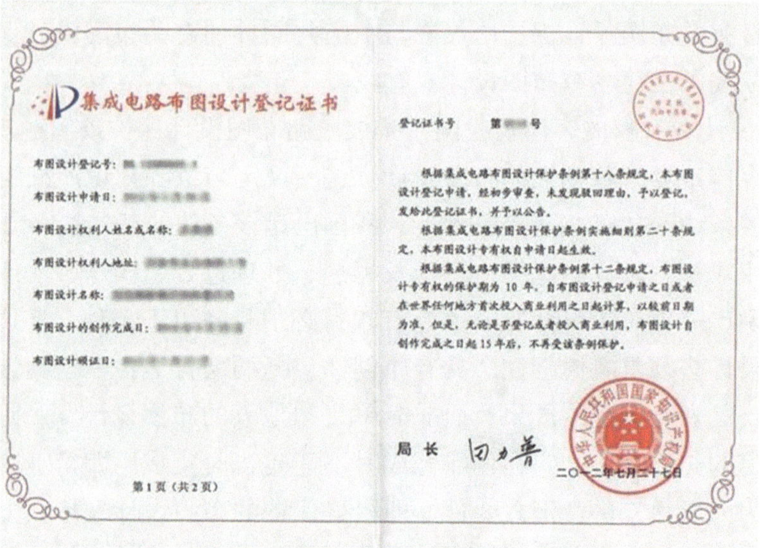

集成电路布图设计登记证书

布图设计登记号：

布图设计申请日：

布图设计权利人姓名或名称：

布图设计权利人地址：

布图设计名称：

布图设计的创作完成日：

布图设计颁证日：

第1页（共2页）

登记证书号　第　号

根据集成电路布图设计保护条例第十八条规定，本布图设计登记申请，经初步审查，未发现驳回理由，予以登记，发给此登记证书，并予以公告。

根据集成电路布图设计保护条例实施细则第二十条规定，本布图设计专有权自申请日起生效。

根据集成电路布图设计保护条例第十二条规定，布图设计专有权的保护期为10年，自布图设计登记申请之日或者在世界任何地方首次投入商业利用之日起计算，以较前日期为准。但是，无论是否登记或者投入商业利用，布图设计自创作完成之日起15年后，不再受该条例保护。

局长

二〇一二年七月二十七日

（2）有限的使用取得与登记制相结合的方式

布图设计专有权的取得，应通过登记取得，但对未登记的布图设计，在其首次商业利用后的一段时间内，给予法律保护，超出该期间仍不进行登记的，法律不再给予保护。荷兰、美国等国采用此种立法模式。

（3）自动取得制

目前，世界上只有英国、瑞典等少数国家采取此种立法模式。这种制度虽然能对布图设计的开发人提供及时的法律保护，但在发生纠纷时举证相当麻烦，这是大多数国家不采用该立法模式的原因。

3. 集成电路布图设计专有权的保护

（1） 布图设计专有权的保护期限

同著作权、专利权的保护一样，布图设计专有权的保护也有一定的期限，各国法律一般规定为10年。从有关世界组织的立法例来看，世界知识产权组织《集成电路知识产权条约》规定保护期至少为8年，世界贸易组织《知识产权协议》所规定的保护期限为10年。对于尚未登记的布图设计，美国法规定，其保护期为自首次商业利用之日起2年；对于未进行商业利用的布图设计，许多国家则规定，自布图设计固定或创造完成之日起15年内没有进行商业利用的，不再给予保护。

（2） 布图设计侵权及其认定

所谓布图设计侵权，即指侵犯了布图设计权利人的权利，依法应承担法律责任的行为。它主要包括非法复制与非法进行商业利用两种。

（3） 布图设计侵权的救济

“没有救济，就没有权利”是西方的古老法谚，法律公平正义的理念要求权利的设定必须有相应的救济机制。就布图设计侵权救济而言，包括两种救济方式：一是公力救济，二是自力救济。

七、集成电路布图设计专有权的限制

无论是著作权还是专利权，在法律上都受到一定的限制，作为一种知识产权，布图设计权的行使也不例外。从各国立法的情况来看，对布图设计权利的限制主要有以下几种：

① 合理使用。这与版权中的合理使用相类似，主要包括为个人目的而复制或利用和为教学研究而复制或利用。

② 合理的反向工程。反向工程是现代集成电路工业发展的主要手段之一，但是反向工程也具有一定的特殊性，因为在复制他人布图设计时也可能会用到反向工程的技术。以科学研究为目的的反向工程是合法的，而单纯为获取他人的布图设计而进行的反向工程则是非法的。

③ 权利穷竭。布图设计权利人或经其授权的人将受保护的布图设计或含有该布图设计的集成电路产品投入市场以后，对与该布图设计或该集成电路产品有关的任

何商业利用行为，不再享有权利。

④ 善意买主。即基于善意，不知道有关半导体芯片产品的保护的存在而购买了该半导体芯片产品的人。这些人的行为不构成布图设计侵权。

⑤ 强制许可。即在一定条件下，一国政府可以不经布图设计权利人的同意强制许可他人或有关的组织使用其布图设计。

想一想

1. 论述集成电路布图设计专有权的权利限制。
2. 试述集成电路布图设计权的概念与内容。

第五课　知识产权的国际保护

一、保护工业产权巴黎公约

1.《巴黎公约》的基本原则

① 国民待遇原则；

② 优先权原则；

③ 专利权和商标权的独立性原则。

2.《巴黎公约》的具体规定

① 对专利权的保护；

② 对商标权的保护；

③ 对厂商名称、虚假标记和不正当竞争行为的规定。

（图片来源于 http://www.suntop168.com/blog/post/logo-4464.html）

二、与贸易有关的知识产权协议（TRIPS）

1. 普遍义务和基本原则

（1）普遍义务：成员国应使该协议生效。

（2）基本原则：国民待遇原则；保护公共秩序原则；对权利合理限制原则；权利的地域性原则；专利、商标申请优先权原则；版权自动保护原则。

2. TRIPS 保护的知识产权

① 版权的保护协议；

② 邻接权保护；

③ 商标权保护；

④ 地理标志保护；

⑤ 工业品外观设计的保护；

⑥ 专利权保护；

⑦ 其他知识产权的保护，包括集成电路的布图设计、未披露信息的保护以及对反竞争行为的控制。

3. 知识产权的取得和维持

协议规定，成员方可以要求本协议中规定的知识产权取得或维持程序公正、合理。各成员方应依据取得知识产权的实质性要件确立授予或注册知识产权的具体程序。协议还对权利人取得权利的合理期限作了规定。

4. 争端的防止与解决

有关据以审理案件的法律、法规应向与贸易有关的知识产权委员会通告。争端解决的方式适用世界贸易组织争端解决机制。

5. 过渡协议

① 任何成员均无义务在《建立世界贸易组织协定》生效之日后 1 年内适用协议；

② 任何发展中国家成员方对于协议的适用有权在上述规定之外再延迟 4 年。

三、知识产权的国际保护基本原则

1. 国民待遇原则

在工业产权保护方面，公约各成员国必须在法律上给予公约其他成员国等同于其本国国民的待遇，即使是非成员国国民，只要其在公约某一成员国内有住所，或有真实有效的工商营业场所，亦应给予相同于本国国民的待遇。

2. 优先权原则

《巴黎公约》规定凡在一个缔约国申请注册的商标，可以享受自初次申请之日起为期6个月的优先权，即在这6个月的优先权期限内，如申请人再向其他成员国提出同样的申请，其后来申请的日期可视同首次申请的日期。优先权的作用在于保护首次申请人，使他在向其他成员国提出同样的注册申请时，不致由于两次申请日期的差异而被第三者钻空子抢先申请注册。发明、实用新型和工业品外观设计的专利申请人从首次向成员国之一提出申请之日起，可以在一定期限内（发明和实用新型为12个月，工业品外观设计为6个月）以同一发明向其他成员国提出申请，而以第一次申请的日期为以后提出申请的日期。其条件是，申请人必须在成员国之一完成了第一次合格的申请，而且第一次申请的内容与日后向其他成员国所提出的专利申请的内容必须完全相同。

3. 独立性原则

申请和注册商标的条件，由每个成员国的本国法律决定，各自独立。对成员国国民所提出的商标注册申请，不能以申请人未在其本国申请、注册或续展为由而加以拒绝或使其注册失效。在一个成员国正式注册的商标与在其他成员国注册的商标无关。这就是说，商标在一成员国取得注册之后，就独立于原商标，即使原注册国已将该商标予以撤销，或因其未办理续展手续而无效，都不影响它在其他成员国所受到的保护。同一发明在不同国家所获得的专利权彼此无关，即各成员国独立地按本国的法律规定给予或拒绝、或撤销、或终止某项发明专利权，不受其他成员国对该专利权处理的影响。这就是说，已经在一成员国取得专利权的发明，在另一成员国不一定能获得；反之，在一成员国遭到拒绝的专利申请，在另一成员国则不一定遭到拒绝。

4. 强制许可专利原则

《巴黎公约》规定，各成员国可以采取立法措施，规定在一定条件下可以核准强制许可，以防止专利权人可能对专利权的滥用。某一项专利自申请日起的 4 年内，或者自批准专利日起 3 年内（两者以期限较长者为准），专利权人未予实施或未充分实施，有关成员国有权采取立法措施，核准强制许可证，允许第三者实施此项专利。如在第一次核准强制许可特许满 2 年后，仍不能防止赋予专利权而产生的流弊，可以提出撤销专利的程序。《巴黎公约》还规定了强制许可不得专有、不得转让；但如果连同使用这种许可的那部分企业或牌号一起转让，则是允许的。

想一想

1. 如何理解国民待遇原则？
2. 试述《知识产权协定》框架下的知识产权争端解决机制。